国家出版基金项目
NATIONAL PUBLICATION FOUNDATION

中國糧政史

聞亦博◎著

山西出版傳媒集團
山西人民出版社

圖書在版編目(CIP)數據

中國糧政史 / 聞亦博著. -太原：山西人民出版社，2014.12
(近代名家散佚學術著作叢刊 / 許嘉璐主編)
ISBN 978-7-203-08865-3

Ⅰ.①中… Ⅱ.①聞… Ⅲ.①糧食政策－歷史－中國 Ⅳ.①F329

中國版本圖書館CIP數據核字(2014)第289749號

中國糧政史

主　　編　許嘉璐
著　　者　聞亦博
責任編輯　張文穎

出 版 者　山西出版傳媒集團·山西人民出版社
地　　址　太原市建設南路21號
郵　　編　030012
發行營銷　0351-4922220　4955996　4956039
　　　　　0351-4922127(傳真)　4956038(郵購)
E-mail　sxskcb@163.com　發行部
　　　　　sxskcb@126.com　總編室
網　　址　www.sxskcb.com

經 銷 者　山西出版傳媒集團·山西人民出版社
承 印 廠　山西出版傳媒集團·山西人民印刷有限責任公司

開　　本　700mm×970mm　1/16
印　　張　11.5
字　　數　139千字
印　　數　1—3000冊
版　　次　2014年12月　第1版
印　　次　2014年12月　第1次印刷
書　　號　ISBN 978-7-203-08865-3
定　　價　25.00圓

《近代名家散佚學術著作叢刊》編委會

出版説明

近代名家散佚學術著作叢刊選取一九四九年以後未再刊行之近代名家學術著作共一百二十册，編例如次：

一、本叢書遴選之著作在相關學術領域具有一定的代表性，在學術研究方向、方法上獨具特色。

二、爲避免重新排印時出錯，本叢書原本原貌影印出版。影印之底本皆經專家組審定，原書字體大小，排版格式均未做大的改變，原書之序言、附注皆予保留。

三、本叢書分爲八大類，以作者生卒年編次。

四、爲使叢書體例一致，本叢書前言後記均采用繁體字排版。

五、個别頁碼較少的版本，爲方便裝幀和閲讀，進行了合訂。

六、少數學術著作原書内容有個别破損之處，編者以不改變版本内容爲前提，部分進行修補，難以修復之處保留缺損原狀。

七、原版書中個别錯訛之處，皆照原樣影印，未做修改。

八、所選版本之抽印本頁碼標注，起始至所終頁碼均照原樣影印，未重新編排標注新頁碼。

由於叢書規模較大，不足之處，殷切期待方家指正。

總序／

披沙瀝金，以爲鏡鑒

◇許嘉璐

多年來有一個問題始終在我腦中盤桓：爲什麽在十九世紀末到二十世紀初，在短短的幾十年裏，中國的各個學術領域竟涌現了那麽多大師級的人物？這是中國近代史上一個極爲重要的現象，我認爲，如果不能給出令人滿意的答案，我們撰寫的近代學術史將是不完整的，甚至是缺乏靈魂的。後來我知道，著名人類學家克羅伯曾提出過一個問題：爲什麽天才成群地來？看來這種現象的出現並非中國所獨有，思考其所以然的也大有人在。而在那一次世紀之交中國的情况，似乎應驗了「天才成群地來」這個令克氏久久不解的疑問。錢學森先生曾從相反的方向提出了相同的疑問：爲什麽我們這個時代出現不了杰出人才？後來人們稱這個問題爲「錢學森之謎」。

要回答這些疑問不是件容易的事。與其迅速地囫圇地探尋，不如先多了解那些讓中國近代學術（應該包括人文科學和自然科學）史上閃耀着光輝的大師們的作品和自述，從而在腦海里盡量「復原」他們所處的環境和在那種環境下的心理路徑，從中或許可以得到一些啓示。

有一點是顯然的，這就是他們雖然都已遠離塵世而去，但是他們獨立思考的品性、求知治學的真誠、困厄窮愁中對節操的堅守，恐怕是他們共同的主觀因素，一直影響到現在，而且將會永遠留存下去。

就思想界、學術界而言，二十世紀上半葉是一個新説和舊説碰撞，中學和西學融匯的大時代。那時的學人極爲重視言行操守，同時具備現代知識分子的理想信念；他們的學術研究十分純净，絶少功利因素；他們的視界開闊，以包容的心態和嚴謹的風格造就了成果的大氣與厚重。至於在客觀因素一面，他們實際是在用工業化時代的事實解説着太史公所説的名山之作「大抵聖賢發憤之所爲作」，困厄苦難使得他們「皆意有所鬱結」。這種鬱結，幾乎和個人的名利毫無牽涉，他們永遠不能釋懷的，是民族的存亡、國運的興衰、民衆的福禍和文脈的續斷。

那個時代也是近代歷史上最大規模的中西古今學術調適、創新的時期，學術方法上的交互滲透和融合、創新亦可謂「於斯爲盛」。斯時之學人是要在封閉的屋墻上鑿出窗子的勇士，是使人能夠看看外部世界的第一批導夫先路者；或者可以説，他們是在「意有所鬱結」時「彷徨」和「吶喊」的「狂人」。

相對於那時的哲人們，後來者是幸運兒。現在的形勢是，近三十年來學界空前繁榮，衆多學科有了長足之進，其中很重要的一點是學界有了更新穎、更廣闊的國際視野，似乎接續上了百年前的學壇盛事。但細想想，「古」與「今」還是有差别的。其异，主要不在於世界情勢、學術進展、工具改善這些客觀存在，而在於在廣泛吸收各國優長的同時，自身文化的主體性越來越受到重視，换言之，「拿來主義」已經延長了「拿來」的程序，加上了試用、甄别、篩選、吸收、融合、成長。就我孤陋所見，在當今地球上，面向所有異質文明，努力汲取我之所缺，其範圍之大和心態之切，似乎無出中國之右者。從這個角度説，我們已經超越了前輩。但是事情還有另外一面，學術，特别是人文學科，其職業化、「沙龍化」和功利性，以及隨之而來的浮躁病却嚴重了。從這個角度説，是不是我們已經後退得够可以的了？而這是不是我們這個時代出不了大師的原因之一呢？

民國學術界的特點之一是極爲注重對傳統文化的反省、批判與繼承。他們對傳統文化盡最大的努力進行整理和研究。一方面，由於戰亂頻仍，民不聊生，學者們擔起了讓中華文化薪火相傳的歷史責任；另一方面，他們要通過對中國傳統文化的整理、挖掘來重振民族自信心。這一時期對傳統文化進行整理的全面而深入是前所未有的，舉凡文字學、語言學、經濟學、法學、哲學、政治制度、書法繪畫、金石學……規模之宏大，研究之精微，令人嘆爲觀止。

民國學術推動了現代學科體系的建立。在對傳統文化整理和研究的基礎上，吸收西方的文化思想和理念，推動和建立了中國現代學科體系。例如，在對語言文字和音韻學成果進行整理、研究的基礎上開始着手規範之，建立了國語學；深入研究書法、國畫，將其融入了現代美術學科；在廢除舊有學制後逐步建立起小、中、大學較完整的科目和學科體系。

民國學術也改變了傳統學術方式，建立了新的研究範式。以現代科學考古爲發端，科研的實踐和成果使中國知識界真正認識到在實驗、比較基礎上的邏輯分析對學術研究的重要，推進了中國學術的一大演變。至於我們常説的打破士大夫傳統、走出書齋到田野鄉村和市民中進行調查研究、結束了經學時代、以歷史眼光檢視儒學和諸子等等，都是確立新學術範式的努力。這一轉變，也標誌着中國學術界脱胎换骨，全面進入了現代，爲此後的學術發展奠定了堅實的基礎。當然，西方啓蒙運動以來，在「現代性」和「現代化」裏潛伏着的缺陷和謬誤也傳到了中國，這些不能不在前哲的著作裏留下痕迹。這並不奇怪。類似的情況，古往今來孰能免之？猶如今天的我們，誰敢自稱我之所見就是永恒的真理？在這個問題上兩個時代所異者，或許就在昔時大家創立新説或譯註西學著作，往往是懷着對學術和前哲的敬畏而爲之，故而常常誤不在我；當今則往往出於對學問和他人的輕蔑，或以所研究的對象爲謀己的工具，因而難辭主觀之咎吧。翻閲他們的心血之作，這些復雜的狀況可以顯見，可以視之爲我們的一面鏡子。

滄海桑田，世事變幻，歷史的動盪和時代的遮蔽，使當年許多大師的一些極有價值的學術著作被棄於故紙堆中，不能不令人有遺珠之憾。爲此，山西人民出版社不惜以數年之艱辛，披沙瀝金，編輯出版這套近代名家散佚學術著作叢刊，凡一百二十册，計文學、史學、政治與法律、美學與文藝理論、民族風俗、宗教與哲學、經濟、語言文獻共八大類别。所選皆爲作者之純學術著作，無論是其見解、精神，抑或是其時代烙印，都是後輩學人可資借鑒的寶貴財富。他們出版這套叢書，意在讓世人不忘來程，知篳路藍縷之不易，爲民族文化的傳承再增薪木。

出版社的初衷，與我近年來所思所慮近似，故願略述淺見於書端，以與策劃者、編輯者和讀者共勉。

二〇一四年七月六日

改定於自安東回京途中

前言

◇王繼軍

一切歷史都是當代史，人類歷史具有延續性，現實之中包含着歷史的因素，割不斷的傳統深刻地影響着當代社會；歷史可以從當代的角度去發現和解讀，當代所面臨的現實問題，促使我們去追尋它形成的根源，去叩問前人的智慧，以資借鑒。在平静緩慢、綿延不絶的歷史長河中，總有那麽一些波瀾壯闊、起伏跌宕的時期，它們所孕育的巨大轉折價值和意義深深地影響着後來者。近代中國社會經歷了亘古未有的大變革。就經濟而言，傳統的自然經濟結構受到衝擊，資本主義因素的工商業在經濟體係中佔據越來越重要的地位；在政治上，帝制衰敗，共和肇興；在法律方面，傳統的法律典章再也不能够適應富强、民主、自由、科學的社會需要，西法東漸，勢不可擋；在文化和學術上，東西文化的碰撞、交流與融合，使得發現新資料、運用新方法、創造新範式、提出新思想成爲可能。中國近百年的歷史可以説是一個從傳統社會轉向現代社會的歷史。

開放的思想是人類理性挑戰愚昧的鋭器，自由的學術是世界邁向理想社會的階梯。一代學人以他們廣博的學識、獨立的品格、創造的思維、勤奮的勞動，推出燦若繁星而又堅實厚重的學術成果，爲時代提供智慧的啓迪和思想的指引，以一種獨特的方式積極參與到社會變革的偉大歷史進程來。學術的力量是長久和巨大的，學者的貢獻是不應該被忘記的。

本叢刊政治與法律部分，輯録了于佑虞、聞亦博、曾松友、宋希庠、楊德森、常乃悳、瞿同祖、王振先、熊理、朱章寶、蔡樞衡、趙鳳喈、陳顧遠、郭箴一等名家散佚的論著，其中涉及社會形態、政治制度的歷史與學説、中國古代的倉儲、糧政、勸農、海關、婚姻等制度、婦女問題以及中國法律之精神與法律現象變遷等諸多方面的重要論題。這些論著具有資料豐富、考證翔實和「思他人所未思，言他人之未言」的共同特徵，又在方法、結構、風格方面展現出摇曳多姿的形態。有的長於叙事，爬梳整理，去僞存真，娓娓道來；有的善於思辨，歸納演繹，比較剖析，鞭辟入裏；有的體大思精，在宏大的架構中闡説精妙的見解；有的以小見大，於細微處見精神。這些論著無疑成爲中國學術史上的瑰寶。

閲讀是一種交流，研習先輩學人的著作，就彷佛與杰出的心靈展開了一場穿越時空的對話；閲讀是一種沉思，浸潤於那些深邃的思想裏，使我們得以忘却外部的喧囂與繁華；閲讀是一種旅行，我們汲取歷史的滋養，再向更遠處出發。

是爲序。

作者簡介

聞亦博，生平不詳。

編者小言

我國以農立國，五千餘年以來，國民經濟之建樹，完全以農業爲基礎。凡國用所資，私人所需者，皆取給於農。農村社會之安定，繫於農民經濟之榮枯；農民經濟之榮枯，又繫於國家農業政策之得失。而農業政策之關係日常生活最密者，則爲糧食問題。禹平洪水，民得安居，乃首揭德惟善政，政在養民之旨。修六府（火水金木土穀）和三事（正德利用厚生）以建立民生之綱要。箕子之農用八政：曰食、曰貨、曰祀、曰司空、曰司徒、曰司寇、曰賓、曰師、而以食爲先。禮記王制，以五穀皆入而制國用。孔孟治國安民之道，以足食爲基礎。　國父手訂之建國大綱，亦以足民食爲首要。中華民國訓政時期約法與抗戰建國綱領，皆以發達農村經濟，調節糧食爲重要工作目標。由此足徵國家之治亂安危，影響於糧食政策者至鉅。故歷代施政方針，皆側重於講求糧政之合理。如田制之改革，賦稅之整頓，民食之調節，災荒之救濟，糧食之節約，莫不以安定國民生計爲前提。雖吏緣爲奸，法因人壞，困民擾民之舉，在所難免，而其立法之精神，制度之沿革，不可不考，以供糧政上實施之準則。

聞亦博於重慶三十一年八月

目次

第一章　戰國以前之糧政……一

田制之沿革——貢助徹之釋義——糧食問題之嚴重——糧食之實施與民生——糧政之重要理論

第二章　漢代糧政……一一

暴秦之政——漢之薄稅制度——糧政之重要措施——漕運之制度——均輸平準與常平之比較——屯田之制與軍糧——節用與糧政——人口之賦與糧政

第三章　兩晉南北朝之糧政……二一

占田與均田之法——戶調之徵與糧政——民食之概況——戶調制度之變遷——均田制之檢討——義倉之創立

第四章　唐代糧政……三一

田制與租庸調——兩稅制之實施——兩稅制之檢討——兩稅與民生——社倉常平倉之興廢——和糴之利弊

第五章　宋代糧政……四五

宋之田制——宋之田賦——方田與正經界——義倉制度及利弊——常平惠民廣惠折中諸倉之設置——青苗法之利弊——社倉之組織與推行——和糴政策之弊——災荒救濟與糧政

第六章　遼金元之糧政……六八

田制略述——田賦概述——民食措置狀況

第七章　明代糧政……八〇

田制與田賦——預備倉之設置——常平倉之詳制——明季加派之弊

第八章　清代糧政……九四

官田與民田——井田限田之試行——太平天國田制——清初賦制之沿襲——地丁制度之創——田賦用銀之利弊——田賦附加之沿革——民食政策概述——屯田與軍糧——常平義社諸倉實況——禁止糧食出口——獎勵洋米輸入——糧稅征免與糧食流通

第九章　民國糧政……一三九

賦制之因革——附加稅之積弊——國父遺教與糧政——農業政策與糧政——戰時糧食管理之原則——整理田賦之理論——整理田賦之實施——征收實物之理論根據——糧食庫券之發行——現階段之糧食管理

第一章　戰國以前之糧政

田制之沿革　歷代糧政之實施，與田制改革之關係最切。土地制度之演進，由原始共產而私有霸佔，而兼并爭奪，而復收爲公有，殆爲必然之趨勢。故探討糧政之得失，應先考其田制之沿革，明時代之背景也。

田制之始，虞夏以前，文獻無徵。學者多託創於井田。先秦諸書，唯孟子言及夏后氏五十而貢，殷人七十而助，周人百畝而徹，其實皆什一之說。簡而不詳其制，不可以考。其他各家之說，互有出入。如受田之法，韓詩外傳謂家得百畝；食貨志謂一夫受私田百畝。井之組織，韓詩外傳謂八家爲鄰；周禮謂九夫爲井；食貨志謂八家共井。餘夫之制，韓詩外傳謂餘夫二十五畝；周禮謂餘夫百畝；而食貨志則謂農戶人已受田，其家衆男爲餘夫，亦以口受田如比。是受田之法，井之組織，及餘夫之制，皆不盡同。故考井田制度下之糧政設施，尤不可得。然其基本原則，不外使人人得以安居樂業，完成極合理之社會組織，而臻於大同康樂之境。所謂八家之人，同風俗，齊巧拙，通財貨，存亡更守，嫁娶相謀，無有相貸，疾病相救，親性情而均生產者，殆爲安定農村社會之要政也。

考我國土地制度之演進，殷以前爲氏族社會。聚居於同一部落者，大都爲同一氏族。漢與西方，遷至黃河流域，始事耕種。各在其部落範圍以內，從事農作，所謂土地村有制是也。其後部落發達，強者始行兼并，氏族中之能力雄厚者，因土地擴張而躍居於領導地位，土地分配之制，萌芽於是矣。

周興，一統天下，并有大部土地。其受田之法，史乘可考者，有宅田、士田、賈田、官田、牛田、賞田、牧田、公邑之田、家邑之田、小都之田、大都之田等類別。以宅田受於致仕者之家。士田受於士讀者，亦卽圭田。賈田受於市賈人之家。官田受於庶人在官者之家。牛田牧田受於牧人之家。賞田受於卿大夫之有功者。公邑之田爲王室直屬之地。家邑之田爲大夫采邑。小都之田爲卿之采邑。大都之田爲公之采邑。更以廛里任國中之地。場圃任園地。宅田、士田、賈田任近郊之地。官田、牛田、牧田、賞田任遠郊之地。公邑之田任甸地。家邑之田任稍地。小都之田任縣地。大都之田任疆地。是周制不僅受田有規定之對象，而田地位置之遠近，亦有定制也。

春秋之世，人口增加，土地不敷分配，影響受田之法。諸侯各自爲政，表面上屬於王室，而實際已成尾大不掉之勢。東周以後，王室漸衰，更形成諸侯與王室對等及諸侯互相兼并之局。富國強兵之說，盛於一時。故商鞅之變法，遂實現於此嚴重之時代。

井田之廢，古之學者罪商鞅，然時勢所趨，不得不從事於財政上開源之改革，以適合環境之要求，自不能見罪於商君一人已也。秦本記載孝公十二年「爲田開阡陌」，食貨志載「秦孝公用商君，壞井田，開阡陌，急耕戰之賞」。古今學者關於「開阡陌」之說，各有見解不同之處。或謂爲始置阡陌；或謂爲阡陌乃三代之舊，而秦決之以爲井田。考其開阡陌之目的，爲急耕戰之賞，是爲時代之要求也甚明。三通考云：「井田受之於公，毋得鬻賣。故王制曰田里不鬻。秦開阡陌，遂得買賣。又戰得甲首者，益田宅，五甲首而隸役五家。兼并之患自此始。」古代井田之制，雖不可詳考，然受田於公，則爲各家所公認。自秦以後，故制爲受田不計口，亦不必歸還，貽後世地主階級得以兼幷之患。故秦之田畝，除分配於武士（丞尉能得甲首一者益田一頃益宅九畝）、官吏（明尊卑爵秩等級各以差次名田宅）、及三晉之民（以草茅之地徠三晉之民利其田宅而復之三世）以外，富豪之家，可以自由購買矣。

貢助徹之釋義　井田制度之取於民者，夏爲貢，殷爲助，周爲徹，其實皆什一之數，而方式各有不同耳。稅其田謂之貢；不稅其田，而藉其力以耕謂之助，亦謂之藉，卽所謂藉而不稅也。孟子滕文公篇，謂徹者徹也；助者藉也。貢法之制，孟子未嘗詁釋。龍子曰：「貢者校數歲之中以爲常。」由意識上之推測，是爲平均數年間之收入，確定每年收穫之標準而定稅率。敖敬說解謂下供上曰貢，五十畝貢五畝之稅也。後漢趙岐孟子註，亦謂民耕五十畝貢五畝，耕七十畝以七畝助公家，耕百畝者徹取十畝以爲賦。然貢法從龍子之說，則災凶之歲，不能調節稅額，是爲不合理之糧政耳。

關於助法，滕文公篇曾論及公田之制，爲將每方百里之地，等分爲九方，每方百畝，中爲公田，餘則分受八夫，各私百畝，同養公田，不另納稅，蓋此補救貢法不能調節稅額之缺點歟。孟子謂助藉也。趙岐註「藉者借也」，爲借民力以耕公田之義。顧炎武唐韻正卷謂藉之古音同助，故音義皆通。惟實行助法之唯一必具條件，則爲同井八夫，除努力耕耘私田以外，必須共同致力於公田，此實爲養成通力合作精神之表現，較貢法爲進步矣。

徹之義最含混，各家之解釋，多有牽強附會之處。萬斯夫之周官辯非，謂周之徹，井九百畝，分之九夫，歲取其所獲什一。又春秋隨筆謂按司馬法畝百爲夫，夫三爲屋，屋三爲井。小司徒戴九夫爲井。是周人井九百畝，分之九夫，每夫百畝中，以十畝爲公田，君取其入而不收其餘畝之稅，是公田十畝分配於各戶百畝之中，此說不甚合理。姚文田求自齋訂稿，謂徹爲徹取之義，以公田分受八家，至斂時則巡野觀稼，合百十畝通計之，而取其什一，故徹法有異於助也。而金鍔之周徹名義解，謂助徹皆從八家同井起義：借其力以耕公田，謂之助；通八家之力以共治公田，謂之徹。孟子謂八家同養，卽爲通同共治之義。鍾懷之葭厓古錄，謂雖周亦助，可知助徹乃通名。此兩說皆頗牽強。孟子曰「徹者徹也，助者藉也」，是助徹之法顯有別；又曰「惟助爲有公田」，是徹無公田甚明，而專以公田屬諸助也。崔述三代經界通考，謂徹者乃民共耕溝間之田，待粟旣熟，以一奉君而分其九者也。通其田而耕，通其粟而折，謂之徹。此說雖與字義相近，然就民族進化，及土地制度之演進過程階段而言，亦有未盡合之處。夏之貢，是按畝徵稅制，殷之助，藉而不稅之制；周之徹，共同通力合作而分粟之制也。大抵土地之制，初爲原始共產，繼則強者佔爲己有，而奴役弱者使其耕耘。民族之進化過程亦然。先有共同生活之基礎與組織，然後發生自私自利之行爲，而逐漸分裂。徹法之行，極類似原始共產制度。豈夏商周之稅法，由按畝徵稅，而藉而不稅，而更退爲原始之社會情形乎？雖然，此皆不足辯也。孟子曰其實皆什一，是三代之糧政，不論其爲人民獻納定額之田賦於上，不論其爲獻力以耕於公田，更不論其爲通力合作而徵取其賦，雖方式之不同，而什一之量未變也。

糧食問題之嚴重　封建制度旣完成於周，諸侯之間，互爭霸業。各以富國強兵爲急務，而井田之制，不得不隨時代之轉變而崩潰。春秋戰國之世，爭城奪地之戰，無日或寧。考其原因，皆糧食缺乏有以致之。左傳所載乞糧分田及奪取禾麥之事甚多，足徵當時糧食問題之嚴重。如魯隱公六年：「京師來告糴，公爲之請糴於宋衛齊鄭。」春秋許爲有理。莊公二十八年：「大無麥禾，臧孫辰吉告糴於齊。」僖公十三年：「晉薦饑，使乞糴於秦，秦伯問百里奚與諸乎，對曰天災流行，國家代有，救災恤鄰道也。秦於是輸粟於晉。翌年，秦饑使乞糴於晉，晉人弗與。明年晉又饑，秦伯仍餼之以粟，曰吾怨其君而矜其民。」齊桓公葵邱之會，以毋遏糴爲盟約。是糧食問題引起當時各國之注意也。至分田取禾之舉，亦因糧食缺乏之故。僖公三十一年：「取濟西田，分曹地也。」成公二年：「晉師及齊國佐盟於爰婁，使齊歸汶陽之田。」四年：「鄭公孫申師師彊許田。」襄公五年：「莒人伐東鄙，以彊鄫田。」六年：「齊侯滅萊，高厚崔杼定其田。」哀公二年：「季孫斯帥師伐邾，取漷東及沂西田。」此類事實甚多，不勝枚舉。大都爲奪其田以耕，藉以解決糧食恐慌耳。更有掠取禾麥之舉，其目的更爲明顯。隱公三年：「鄭祭足帥師取溫之麥，秋又取成周之禾」。四年：「諸侯之師敗鄭徒兵，取其禾而還。」凡此乞糴分田取禾之舉，皆足以證當時糧食問題之嚴重。

糧政之實施與民生　商鞅變法以後，井田制下之糧政亦隨之崩潰。由民生安定之過程，漸趨於混亂之局。七雄之爭，各圖霸業，皆從改善糧政圖歲入之增加，以達整軍經武從事撻伐之目的。如魯制爲稅畝賦田。哀公十一年，季孫以田賦，使冉有訪諸仲尼，仲尼曰「丘不識也」。三發，卒曰：「子爲國老，待子而行，若之何不言？」仲尼不對，而私於冉有曰：

「君子之行也，度於禮。施取其厚，事舉其中，斂從其薄。如是則以丘亦足矣。欲不度於禮而貪冒無厭，則雖以田賦，將又不足。且子季孫若欲行而法，則周公之典在；若欲苟而行，又何妨焉。」

十二年，用田賦。是魯之取於民，較徹法猶苛，孔子認爲不度於禮者也。齊之制則爲相地而衰征。國語桓公問管仲曰：「伍鄙若何？」對曰：

「相地而衰征則民不移，政不旅舊則民不偸，山澤各致其時則民不苟，陵阜陸墐井田疇均則民不惑。無奪民時，則百姓富。犧牲不略，則牛羊遂。」

是齊視土田美惡及生產之別，以差征賦之輕重也。楚制則爲畫土田，井衍沃，量入修賦。鄭則田有封洫，廬井有伍；又作丘賦以明其征。征之以上各制，齊、魯、楚、鄭各有出入。雖季孫之田賦，子產之丘賦，無從考其詳制，要皆創立新法以圖收入之增加耳。

關於民生之狀況，周以前極爲安定。無暴斂之徵，無繇役之煩，僅以其收穫之物，自動呈獻於當局，毫無強迫之意。周統天下以後，大封功臣子弟，不僅兼并分割殷之土地，凡殷之遺民，亦被逼分處於各地。尙書多士篇，謂遷殷頑民於雒邑；左傳載分殷民六族於魯，七族於衞；桓公之受封於鄭，猶有殷民同往。是氏族之制亦破壞無遺矣。前節所述公卿采邑之制，爲春秋時之特殊封建勢力，邑中人民，悉受諸侯之支配，在其領土以內之權利，亦皆爲諸侯所享受，所謂庶人者（卽指一般農民 則力農以事其上，度其「無衣無褐不能卒歲」之生活。故當時之社會，已形成貴族與庶人兩大階級，因其糧政之不合理，而庶人之生活日益痛苦，地位日益低落矣。楚秦之興，乃脫離封建勢力而樹立自由國家之表示。斯時之貴族，或因獲罪而滅族，或因競爭失敗而廢爲庶人，故曩之無衣無褐不能卒歲者，得以稍舒喘息。而諸侯之間，一面改善糧政，圖歲入之增加，一面以解放農奴相號召，競作勞徠宣傳，以招致閑氓。令原占有土地者，仍得繼續使用，改行租田制，使農奴漸次變爲自由佃戶；或有改為收稅之制，使占有者漸次變爲自耕農。此項政策，雖較藉法徹法爲優，得目前之解放，然兼幷之患未除，而農民之實際生活，未嘗徹底改善也。

魏相李悝論當時農民之痛苦曰：

「今夫挾五口，治田百晦，歲收畝一石半，爲粟百五十石。除什一之稅十五石，餘百三十五石。食人月一石半，五人終歲爲粟九十石。餘有四十五石，石三十，爲錢千三百五十。除社閭嘗新春秋之祠，用錢三百，餘千五十。衣人率用錢三百，五人終歲用錢千五百，不足四百五十。不幸疾病死葬之費，及上賦斂，又未與此。此農夫之所常困，有不勸耕之心，而令糴至於甚貴者也。」

魯哀公時，征什二之稅，猶感不足。故問有若曰：「年饑用不足，如之何？」有若曰：「盍徹乎！」曰：「二，吾猶不足，如之何其徹也。」對曰：「百姓足，君孰與不足？百姓不足，君孰與足？」齊景公竟征至三之二。左傳昭公三年，晏子曰：「民叁其力，二役於公，而衣食其一，公聚朽蠹而三老凍餒。」孟子曰：「有布縷之征，粟米之征，力役之征。君子用其一，緩其二；用其二，而民有殍；用其三而父子離。」是當時賦稅之苛，征調之煩，仍未嘗達到解放農民之目的。

糧政之重要理論　戰國兵爭日烈，民生塗炭，當時學者咸主仁義愛民之說，以實現合理之糧政爲愛民之基本措施。孟子所謂「不違農時，穀不可勝食，」「百畝之田，勿奪其時，數口之家，可以無饑，」及「黎民不饑不寒，然而不王者，未之有也。」此皆爲愛民之通政。至其主張民有恆產之說，則進一步而永久安定民生，與　國父創耕者有其田之理論，在原則上適相符合。故孟子曰：「……是故明君制民之產，必使仰足以事父母，俯足以畜妻子，樂歲終身飽，凶年免於死亡，然後驅而之善，民之從之也輕。」是孟子之仁政重在安定民生也。

管仲在糧政上貢獻極大，齊霸諸侯，實因糧政措施得宜之成功。凡斂散之道，調節之法，調查之制，均頗周詳。其統制之效果，不僅限於齊國境內之糧食受其管理與支配，而其他各國之糧食亦間接受其統制之影響。此實為我國統制糧食之開端，由消極之安定民生，進而達於積極之富國宗旨矣。

管子曰：

「歲適美，則市糶，無予，而狗彘食人食。歲適凶，則市糴，釜十鏹，而道有餓民。然則豈壤力固不足而食固不贍也哉。夫往歲之糶賤，狗彘食人食，故來歲之民不足也。物適賤則半力而無予，民事不償其本；物適貴，則什倍而不可得，民失其用」。

蓋農夫一歲所入之多寡，恆視歲收之豐歉。豐歲農夫欲糶售其多量之穀，商人則乘機貶價，農夫所得，不能償其勞力之半，乃至狗彘食人食，固不啻粒米狼藉已也。農夫經此創痛，於年來之農作稍失勤勞，抑或天時不美，即為凶歲。一釜之糧，雖值十鏹，而道猶有餓民，此皆政府失於治理。穀賤傷農，穀貴傷民，而坐收巨利者，則為兼并之豪賈。故管子論調節之法曰：

「夫民有餘，則輕之，故人君斂之以輕。民不足，則重之，故人君散之以重。斂積之以輕，散行之以重，君必有什倍之利，而財之擴可得而平也。」

農民經過荒歉之後，往往經濟破產，若政府不予救濟，則影響糧政甚大，管子乃有借本之議曰：

「春以奉耕，夏以奉耘，耒耜械器，種饟糧食畢取於君，故大賈蓄家不得豪奪其民矣。然則何？君養其本，謹也。春賦以斂繒帛，夏貸以收秋實，是故民無廢事而國無失利也。」

又以穀幣兩種爲互相調節物價，使歸於平準之用，故曰：

「五穀者，百物之主。穀貴則萬物必賤，穀賤則萬物必貴，兩者爲敵，則俱不平，故人君御穀物之秩相勝，而操事於其不平之間。」

調查統計工作，亦爲實施糧政之必要步驟，故管子又曰：

「國之廣狹，壤之肥墝有數；終歲食餘有數。彼守國者，守穀而已矣。其縣之壤廣若干，某縣之壤狹若干，則必積委幣，於是縣州里受公錢。泰秋國穀，去叁之一，君下命謂郡縣屬大夫里邑，皆籍粟若干，穀重一也。以藏於上者，國穀三分，則二分在上矣。泰春國穀，倍重數也。泰夏賦穀，以市擴民，皆受上穀，以治田土。泰夏田穀之存予者若干，今上斂穀以幣，民曰無幣以穀，則民之三有歸於上矣。」

其調節兩地豐歉之穀價，則曰：

「今齊西之粟，釜百錢，則鏂二十也。齊東之粟，釜十泉，則鏂二泉也，請以令籍人三十泉，得以五穀粟菽決其籍。若此，則齊西出三斗而決其籍，齊東出三釜而決其籍，然則釜十之粟，皆實於倉廩。西之民饑者得食，寒者得衣，無求者予之陳，無種者與之新。若此，則東西相被，遠近之準平矣。」

其重粟價，使農得其本之理論，則曰：

「粟重黃金輕，黃金重而粟輕，兩者不衡立。故善者重粟之價。釜四百，則鍾四千也。十鍾四萬也。二十鍾者八萬。金價四千，則是十金四萬，二十金者八萬。」乃使農民糶粟得本，不致有所入不能償其勞力之現狀，卽所謂免穀賤傷農者也。

管子之糧政，不僅以齊國一國爲對象，其最重要之稱霸原因，爲高價徠鄰國之穀，使鄰國有糧食恐慌之虞，發生社會不安之況。故曰：

「彼諸侯之穀十，使吾國穀二十，則諸侯穀歸吾國矣。彼諸侯穀二十，使吾國穀十，則吾國穀歸諸侯矣。善爲天下者，謹守重流，而天下不吾洩也。彼重之相歸，如水之就下。吾國歲非凶也，以幣藏之，故國穀倍重，諸侯之穀至也。是藏一分以致諸侯之一分，利不奪於天下，大夫不得以富侈，此輕重御天下之道也。」

又曰：

「滕魯之粟釜百，則使吾國之粟釜千，滕魯之粟四流而歸我，若下深谷者，非凶歲而民饑也。辟之以號令，行以徐疾施平，其歸我如流水。」

齊桓公恐穀雖賤而國無收買之力，則勢必外洩而歸於諸侯，因問於管子曰：「糶賤，寡人恐五穀之歸於諸侯，欲爲百姓萬民藏之，有道乎？」管子曰：「今者夷吾過市，有新成囷京者二家，君請式璧而聘之。」桓公允諾，行令半載，萬民聞之，舍其作業而爲囷京，以藏粟菽五穀者過半。桓公問其故，管子曰：「成囷京者二家，君式璧而聘之，名顯國中，國中莫不聞，是民上，則無功顯名於百姓也。功立而民成，下則實其囷京，上以給上，爲君一舉而名實俱在也，民何爲也。」此不僅足以供戰時緊急之需要，天下無兵，則以賜貧甿，啓後世常平之法。

第二章　漢代糧政

暴秦之政　井田制度崩潰以後，兼并日甚，富者田連阡陌，而貧者無立錐之地。秦以暴力統天下，鑒於舊制已壞，新制未立，遂使黔首自實田，極類似土地陳報之法，舍地而稅人。通典曰：「夏之貢，殷之助，周之徹，皆什取一，蓋因地而稅。秦則不然，舍地而稅人，故地數未盈，其稅必備。是以貧者避賦役而逃逸，富者務兼并而自若。」通考曰：「秦壞井田之後，任民所耕，不限多少，已無所稽考，以爲賦斂之厚薄。其後遂舍地而稅人，則其謬益甚矣。」

秦之取於民也，其制雖不可詳考，然通典所云內興工作，外攘夷狄，收大半之賦，發閭左之戍，竭天下之資，以奉其政，猶未以贍其欲。董仲舒謂秦之一歲力役，三十倍於古，田租口賦鹽鐵之利，二十倍於古，是暴斂之事實已明。其耕豪民之田者，見什稅五，糧政之苛，由此可見。故賈山述其事曰：「賦役重數，百姓任罷，赭衣滿道，羣盜滿山。」漢書伍被記農民之生活曰：「當是之時，男子力耕，不足於糧餉；女子紡織，不足於蓋形。」秦之虐民如此，雖以暴力造成統一之局，故終不能久，僅及四十年而爲漢所代。

漢之薄稅制度　漢高祖起自布衣，首以減輕人民負担及改善人民生活爲號召。食貨志曰：

「漢興，接秦之敝，諸侯並起，民作失業，而大饑饉。凡米石五千，人相食，死者過半。高祖於是約法省禁，輕田租，十五而稅一。量吏祿，度官用，以賦於民。」

秦亡以後，社會秩序，一時不能恢復，支出浩大，亦一時不能緊縮。高祖雖倡十五稅一之說，乃爲收拾人心之策，而實際上頗不易應付，故行未久而復廢。惠帝立，又行十五稅一。文帝十二年，詔賜天下民租之半。十三年除民之田租，至景帝二年，始令民出田租三十而稅一。終漢之世，以三十稅一爲定制，歷代田賦之薄，未有過於此者。考史載蠲免田賦之舉，歷代皆有，其原因或爲水旱，或爲蝗蟲，或爲兵禍，其範圍或爲數縣，或爲數州，未有不因災禍而遍及全國者。且蠲免年限，最多亦不過連蠲三年，未有達十餘年之久者。而漢猶能在薄稅制度之下，維持其龐大之經常支出者，蓋舍田賦而外，尙有其他苛征，徒守薄稅之美名耳。

食貨志載漢代財政之財源爲：「賣爵更幣之外，算及車船六畜，凡可以佐用者，一孔不遺。」故薄稅之結果，誠如通考所云：「君能薄賦，亦能薄於所及，而不能薄於賦之所不及。」王莽論之曰：

「漢氏減輕田租，三十而稅一。常有更賦，疲癃咸出。而豪民侵淩，分田刦假厥名三十稅一，實什稅五也。父子夫婦，終年耕耘，所得不足以自存。故富者狗馬餘菽粟，驕而爲邪，貧者不厭糟糠，窮而爲奸。」

荀悅論之曰：

「古者什一而稅，以爲天下之正中也。今漢氏或百一而稅，可謂鮮矣。然豪強富人，占田逾限，官收百一之賦，民輸大半之稅。官家之惠優於三代；豪強之酷，暴於亡秦。是上惠不通，威福分於豪強也。今不治其本，而務除租稅，適足以資豪強也。」

由是足徵薄稅之惠及於地主而未及貧民。重農抑商之策，亦爲舍本逐末之舉，在表面上雖以重稅困商賈，而商賈仍以稅額，諸出售之物品，故重稅之困，商賈毫無影響，而一般消耗之平民，間接受物價高昂之困，增加負担矣。

漢書載蕭望之云：「昔先帝征四夷，用兵三十餘年，百姓猶不加賦而軍用足。」其實此乃飾詞耳。班固論武帝曰：「師旅之費，不可勝計。至於用度不足，乃榷酒酤，莞鹽鐵，鑄白金，造皮幣，算至舟船，租及六畜。民力屈，財用竭，因之凶年，寇盜並起。」可知漢代於加賦之限制中，因財政竭蹶而行苛暴之斂，殊非合理之政策也。

王田制度之成敗　兼幷之風，漢亦未加抑制，而土地私有制度之基礎，日益鞏固。地主階級之勢力，漸形擴張，貧富懸殊特甚，社會達於極度之不安。故有識之士，如董仲舒師丹輩，皆先後建議行限田之法，以杜兼幷之患。雖因社會之阻力而不果實行，然風尙所趨，卒有王莽對於田制上重大之改革實現。漢制有食邑，爲擁有封建勢力之封君所享用；有官田，爲皇室所享用；有公田，爲國家之模範農田及水利田：有賜田，爲特別賞賜於功臣者；有墾田，爲國家僱民夫開墾之地；有屯田，爲軍兵屯戍因而耕種者；有名田，亦曰民田，卽民間得以自由買賣者。董仲舒鑒於當時社會環境之不安，上書曰：

「秦用商鞅之法，改帝王之制，除井田，民得買賣。富者田連阡陌，貧者曾無立錐之地。……今邑有人君之尊，里有公侯之富。……古井田法，雖卒難行，宜稍近古，限名田以贍不足，塞兼幷之路。」

師丹曰：

「古者聖王，莫不設井田，然後治乃平。……今累世承平，豪富吏民，皆數巨萬，而貧弱愈困。君子爲政，貴因循而重改作，所以有改者，將以救急也。亦未可詳，宜略爲限。」

兩氏之議，皆未付諸實施。及王莽奪漢，鑒於過去兼幷之弊，影響民生甚切，遂於卽位之初，詔曰：

「古者設井田，則國給人富而頌聲作。秦爲無道，壞聖制，廢井田，是以兼幷起，貪鄙生。強者規田以千數，弱者曾無立錐之居。……今更名天下田曰王田，奴婢曰私屬，皆不得買賣。其男口不過八，而田滿一井者，分餘田與九族鄉黨。」

就王田制度之立法精神而論，實爲改善糧政之上策，然吏緣爲奸，操之過切，故其推行之結果，旣不爲豪強之地主階級所同情，又不爲貧苦之農民所擁護，致農商失業，食貨俱廢，僅行三年而罷。然王田制度，雖因實施之步驟與策略不善而失敗，但由私有土地急轉而收爲國有，不能不認爲土地制度演進之重要階段。

糧政之重要措施　漢旣以薄稅爲主要之民食政策，故重農抑商之說，極盛一時。文帝以降，躬耕之舉，史籍迭有記載。　如文帝二年詔曰：「夫農，天下之本也。　其開籍田，朕親率耕，以給宗廟粢盛」。十三年詔曰：「朕親率天下農耕，以供粢盛，皇后親桑以奉祭服。」景帝二年「親籍田」；武帝徵和四年，耕於鉅定；昭帝始元元年，耕於鈎盾弄田；六年耕於上林。至於抑商之策，有限制商人不得衣絲乘車，及其子弟不得任官吏之法，更困以重稅，使商賈不得爲兼幷之家，但其結果，困商之目的未達，而反重困農民，殊非重農抑商　初衷也。

自文帝十三年起，全部免田租者達十又三年，雖此十三年中，不乏旱潦之災，而民食猶足以維持不感缺乏者，其重要之策，乃爲創入粟拜爵之例，開籍糧政以充國用之新興途徑。晁錯言於文帝曰：

「欲民務農，在於貴粟。貴粟之道，在於使民以賞罰。今募天下入粟縣官，得以拜爵，得以除罪。如此富人有爵，農民有錢，粟有所渫。夫能入粟受爵者，皆有餘者也。取其有餘以供上用，則貧民之賦可損。所謂損有餘而補不足，令出而利民者也。順於民心，所補者三：一曰主用足，二曰民賦少，三曰勸農功。」

於是令民入粟邊，六百石，爵上造。稍增至四千石，爲五大夫。萬二千石爲大庶長。各以多少級數有差。錯復奏請入邊之粟，已足支塞卒五年之食，則令入粟郡縣，入縣之粟足支一歲以上爲時赦，勿收農民租。是文帝之世，雖免田租而仍足用足食者，非僅如史記所云上下節約有以致之也。

儲積之政，亦爲糧食調節之重要設施。春秋戰國時，即爲各國所競採，如魏文侯有御廩，春申君造吳二倉，秦始皇置長太平倉。蘇秦謂齊粟如山邱，楚燕之粟皆足支十年。是儲糧之多寡有關國力，蘇秦所以別強弱也。漢高祖即位後，關中大饑，米斗值萬金，人率相食，京中儲糧無以爲濟，乃令民就食蜀漢。武帝四年，山東大水，民多饑乏，虛郡國倉以賑，猶不足，乃募富豪家之粟，相假以貸，仍不能救。乃創常平之制，以備不虞。

常平之法，即本管仲李悝斂散之旨。前述管仲糧倉理論之根據，大半着重於富國强兵，而李悝則專重濟民。其言曰：

「……是故善平糴者，必謹觀歲有上中下熟，上熟其收自四餘四百石，中熟自三餘三百石，下熟自倍餘百石。小饑則收百石，中饑七十石，大饑三十石。故大熟則上糴三而舍一，中熟則糴二，下熟則糴一，使人適足平價則止。小饑則發小熟之所斂，中饑則發中熟之所斂，大饑則發大熟之所斂而糴之，雖過饑饉水旱，糴不貴而人不散，取有餘以補不足也。」

五鳳中歲數豐穰，穀至石五錢，農人少利。大司農中丞耿壽昌奏以故事歲漕關東穀四百萬斛以給京師，用卒六萬人。宜糴三輔弘農河東上黨太原郡穀，足供京師，可以省關東漕卒過半。又令邊郡皆築倉，以穀賤時增其價而糴，穀貴時減價而糶，名曰常平倉。

漕運之制度　古者天子中千里而都，其輸將徭役遠者不出五百里；公侯中百里而都，遠者不出五十里；故三代以前，漕運之法不備。禹貢所載入於渭亂於河者，不過示去朝庭之路耳。春秋戰國，諸侯交相侵伐·其最感困難者，則為糧秣運輸不能與軍事配合。故管子曰；「粟行三百里，則無一年之積；粟行四百里，則無二年之積；粟行五百里，則衆有饑色。」秦始皇之世，遠事匈奴，使天下飛芻輓粟，起於黃陲瑯玡負海之郡，轉輸北河，率三十鍾而致一石。蓋計其道路所費，以六斛四斗為鍾，凡用百九十二斗乃得一石，極不合於經濟原則。漢都關中，漕運山東之粟，經過九百餘里之渭水，閱時六月，以給中都官，初僅數十萬石。及孝武時，通西南夷，滅朝鮮，擊匈奴，作者數十萬人，皆數千里負担饋糧，需十餘鍾而致一石。當時之交通工具缺乏，而軍糧與民食之需要又萬分迫切，除改善漕運以外，沿途置倉，實為節省人力之必要措施。明帝修汴渠堤，自滎陽東至千乘海口千餘里，可引江湖之舟以達於冀境，漕運極便。史載諸葛亮作木牛流馬為運輸工具，亦為改善當時困難之設備，雖器械之構造不傳，而運輸之收效實極大。

均輸平準與常平之比較　武帝時國用不足，桑弘羊行均輸平準之法，令遠方各以其物，如異時商賈所將販者為賦，而相灌輸。置平準於京師，都受天下委輸。召工官治車，諸器皆仰給大農。大農諸官，盡籠天下之貨物，貴則賣之，賤則買之。如此，富商大賈亡所牟大利，則反本，而萬物不得騰躍，故仰給天下之物，名曰平準。其具體之辦法，即爲令農民以其地所產爲前商賈所轉販者納賦，質言之，農民之繳納於政府者，不必拘定以穀米，視其地之產而各有別。商賈所轉販者，恆擇其價格低廉之物，縱加運輸費用及捐稅，必能銷售於其他地帶，是選其特產與生產豐富供給有餘者而轉販之。今令人民用以爲賦，則與民不傷，轉可收調節盈虛平準物價之效。因各地特產及需要皆有不同，故爲統籌支配起見，置平準於京師，受天下賦物之委輸，使大農諸官司其事，擇於價貴之地賣之，價賤之處買之，所有交易，政府與生產及消費者皆直接處理，不經過交易中介之商賈，而權利操諸政府矣。故武帝時北至朔方，東封泰山，巡海上，旁北邊以歸，所過賞賜，用帛百餘萬疋，錢金以鉅萬計，皆取足大農。在糧食方面，則有山東之漕，歲六百萬石，太倉甘泉倉滿，邊餘穀，民不益賦，而天下用饒，是均輸平準之法已收效於國力匱乏之時也。平準既有利於國家，然反對者終有所藉口。昭帝時霍光輔政，令郡國舉賢良文學之士，使丞相御史與民間疾苦，其涉及平準者曰：

「夫古之賦稅於人也，因其所工，不求其拙。農人納其穀，工女效其織。今釋其所有，責其所無，百姓賤賣貨物，以便上求。間者郡國或令作布絮，吏恣留難，與之爲市。吏之所入，非獨齊陶之縑，蜀漢之布也，亦人間之所爲平。行姦賣平，農人重苦，女工再稅，未見輸之均也。縣官猥發，闔門擅市，則萬人並收，並收則物價騰躍，騰躍則商賈牟利，自市則官吏容姦豪，而富商積貨儲物以待其急，輕賈姦吏收賤以取貴，未見準之平也。」

凡此弊端，皆爲執事者之不善，而非平準原則之不合理，弘羊雖始終維護其實行平準之初衷，多方予以嚴正之指示，但仍不敵反對者之力量，因獲罪致死，而平準之法廢矣。其失敗之另一潛伏原因，則爲商賈之堅決反對。蓋自秦漢以降，當局雖以抑商爲策，但商賈之力量潛伏於政治之中，史家未明言之，而推翻平準之制，商賈實有極大之力量。

常平之法，前略及之，惟耿氏重在實邊與維持關中民食，初無調節全部民食之意也。元帝卽位，天下大水，關東郡十一尤甚。翌年，齊地饑，穀貴民多餓死，瑯玡羣人相食，在位儒者，皆言能常平倉，距設立不過十年，嗣後不復置倉。王莽時穀價翔貴，教民煮木爲酪以充食，流民入關數十萬人，立餓死者什七八。後漢明帝承光武創業之後，天下安寧，民無橫徭，歲比登稔。永平五年作常滿倉，立粟市於城東，粟斛直錢二十，府廩環積。既欲復置常平倉，公卿議者多以爲不便。劉般曰：「常平外有利民之名，而內實侵刻百姓，豪右因吏緣爲奸，小民不得其平，置之不便。」乃止。然常平之弊，在經營之不得其宜，非制度之不善也。故當時官廩雖實，民遇饑饉仍不得食。安帝永初三年，天下水旱，人民相食，遂令吏民入錢穀得爲關內侯，仿入粟拜爵之例以充救濟之用。獻帝興平元年，三輔大旱，穀一斛，錢五十萬。豆一斛，錢二十萬。人相食啖，白骨委積。帝使侍御史侯汶出太倉粟豆，爲饑人作糜粥。經日，而死者如故，帝疑賑卹有虛，乃親於御座前量試作糜，乃知非實。收侯汶，杖五十。及獻帝駕至洛陽，見尚書郎官自出採稆，或不能自反，死於牆巷。袁紹軍人皆資椹棗，袁術戰士取給蠃蒲，當時食糧匱竭，於此可見。雖天災人禍有以致之，亦實平時忽略糧政之果也。

屯田之制與軍糧　秦漢之際，漕運之制盛行者，完全以軍事上需要爲主要目標，雖倡倉儲之制，重積蓄之政，但仍不能解決困難，故屯田之制適應環境而產生矣。宣帝神爵元年，後將軍趙充國擊先年，以江南地廣人稠，需米倍於他省。動帑買運，以濟民食，恐稽時日。故照河工議敍貢監之例，將銀改爲本色穀米。每銀一兩，收米一石，或穀二石。由州縣酌量應輸多寡，俟足額後，加謹存儲，按季造册報部，不准私收折銀及勒索包攬。乾隆三十年以後，陝、甘折色日多，遇有需穀米時，仍不敷給，乃向民間採買，勒買之弊隨之而生，遂停捐監事例。翌年，停直隸、安徽、山西、河南等省捐例，越二年，又停福建、廣東、雲南等省捐例，至各省倉穀，倘有缺額，即動項買補。如庫項不敷者，則隨時奏請撥給，此爲常平倉穀本來源之確定，而不徒依捐助也。

當初設常平倉時，以多出自人民捐助，不能限制種類，故米麥穀豆高粱，咸皆收納。江南地方潮濕，米在倉一二年，便至紅朽，不若稻穀可以耐久。乃定制各省倉一律改儲稻穀，凡現存米者，以一石易穀二石。雍正三年，江西、湖北、湖南、四川四省貯米皆在五十萬石內外，令於一年以內，改易稻穀。江淮截漕米，廣東存倉米，皆八萬餘石，廣西存倉米十萬石，分作二年改易稻穀，雲南米五十七萬餘石，貴州米四十餘萬石，一二年內不能盡易，乃將雲南所給兵糧十九萬四千六百餘石，貴州兵糧九萬五千六百餘石，從存倉米支給，至秋成時征收稻穀補倉。雲南限四年，貴州限三年，皆應如期易完。各省倉米改易稻穀後，除額征兵餉仍收米外，餘征稻穀，其有虧空倉米，亦以稻穀追補還倉。乾隆十四年，以各省出產不同，食尚亦異，常平倉貯，未能盡限稻穀，乃定雜糧折抵一石稻穀之比例：山東豆一石，麥六斗。河南黑豆高粱一石，麥七斗。江蘇大麥一石，黃豆小麥五斗。安徽大麥粟穀秫一石，粟米，黃豆小麥五斗。陝西小麥黃豆五斗。四川小麥五斗，莜子九斗，青稞八斗。貴州小麥莜一石。甘肅粟米小麥准　抵，青稞，青豆，亦准互抵大豆。於是常平倉積貯之量，較前更豐。

（如高謂鑪肆也；臣瓚謂鑪酒甕也；師古謂賣酒之臣也。）鑪五十釀爲準。一釀用麤米二斛，麴一斛，得以成酒六斛六斗，各以其市月朔米麴三斛，幷計其賈而叁分之，以其一爲酒，一斛之平除米麴本，賈計其利而什分之，以其七入官，其及糟截灰炭給工器薪樵之費。致望胡氏評曰：

「用兵以食爲尤，故禁酒爲其糜米穀也。而後世則取利於酒，奪民酤而推之官，當尚武之時，責利加倍於承平；而軍屯所在，又置塲自釀，爭多競勝，謂足以充軍費省民力，豈古今世變之異歟？」

考漢之糧食節用，重於官取其利以補國用之不給，非以省糜米穀也。

人口之賦與糧政　漢更創人口之賦，因其有關當時糧政之推行，故附述於此。高祖時，人年十五以上至五十六皆出賦錢。百二十爲一算，人出一算，賈人與奴婢倍算。惠帝時，令女子十六以上至三十不嫁者五算。文帝時男丁三年一算，年出賦錢四十。後又改年齡爲二十五至五十六始算。武帝征中和，詔益民賦錢三十助邊用。靈帝時南宮災，斂口錢四十以治宮室。口錢者，征於未成丁者也。民七歲至十四歲出口錢二十。武帝時，民產子三歲卽出口錢。故馬端臨評之曰：

「民有田則稅之，有身則役之，未嘗稅其身也。今漢除稅田役身之外，更稅其身，故當時民間產子輒殺之以省口錢」。

可知算賦口錢皆爲擾民之征，因殺子而免口錢，亦極人間之慘也。

第三章　兩晉南北朝之糧政

占田與均田之法　三國亂後，農村破產，耕作荒虛，晉武帝乘人口減少土地荒廢之時，行占田之法。除以官品等級占田外，受民以田。官自一品占田五十頃，以次各以五頃爲差，至第九品而爲十頃。民年十六以上六十以下者爲正丁，男子占田七十畝，女子三十畝。又男課田五十畝，女二十畝。年十三至十五及六十一至六十五者爲次丁，課男丁之半，女則不課。年十二以下六十六以上者爲老小，不事遠夷，不課田。此亦類似井田制度之受田，但無歸田之限，在初受之時，名爲公田，稍閱時日，卽成永業矣。故自惠帝永嘉以後，百姓更相鬻賣，奔迸流移，官不爲禁，反收估錢。凡買賣之價及一萬者，輸估錢四百入官，是官啓兼幷之患也。

晉室衰而有五胡之禍，人民流散，農事廢弛，豪右占奪而官不禁。及於北魏孝文帝時，始頒均給天下民田之詔曰：

「朕永乾在位，十有五年。每覽先王之典，經綸百民。儲蓄既積，黎民永安。爰曁季葉，斯道陵替。富强者幷兼山澤，貧弱者絕望一廛。致令地有遺利，民無餘財，或爭畝畔以亡身，或因饑饉以棄業，而欲天下太平，百姓豐足，安可得哉？今遣使者循行州郡，與牧守均給天下之田，還受以死生爲斷，勸課農桑，興富民之本。」

其制略異於前代諸法，有桑田，露田，二男之田三類。桑田爲種植桑榆之地，爲農民生活之本據。露田爲種植農作物之地。二男之田爲隔年一種之地。凡男夫年十五以上者受露田四十畝，婦人二十畝，身沒還田。初受田者，男夫一人給桑田二十畝為世業，課蒔餘種桑五十株，棗五株，榆三株。非桑之土，夫給一畝，課蒔榆棗。限三年種畢，不畢，奪其不畢之地。奴婢依良丁，牛一頭受露田三十畝，以四牛為限。舉戶老小癃殘無受田者，年十一以上及癃者各以半夫之田；年逾七十者不還所受。寡婦守志者，亦受婦田。民之新居者，三口給地一畝以為居室，奴婢五口給一畝。男女十五以上，因其地分口課種菜五分畝之一。

考其公田來源，除固有官地以外，秦半為諸遠流配遣無子孫及戶絕者，求營將所有田畝一律收為國有作統籌之支配，是均田之法，僅均公田，而豪強兼幷之田不在其內。至於受民桑田為世業，則私產之制仍在，又准民自由出售盜額之田，國家並不予以強制收購，故兼幷之路仍未塞。

北朝之制，北齊較詳。田有露田、桑田、麻田之別；民有中、丁、老、少之分。露田桑田之義皆與前同，惟麻田為不宜種桑稻而種麻之地。民年十六以上六十以下為中，十八以上六十五以下為丁，六十六以上為老，十五歲以下為少。民成丁男夫受露田八十畝，婦人四十畝，六十六歲還田。另給丁桑田二十畝為永業。麻田定率與桑田同。丁牛一頭，受田六十畝，亦限四牛。北周田制，與齊略同，迄於隋楊受禪，僅定百姓園宅三口一畝，奴婢五口一畝之制。在官者有職田，凡京官一品給田五項，每品以五十畝為差，至九品而為一頃。在地方之官吏，亦給公田為祿。所受之田，即在該官所治之處，刺史十五頃，太守十頃，治中別駕為八頃，縣令郡丞六頃，定交代時授受，不得變買。此外尚有公廨田，史載係供公用，異於職田，大約即為今之辦公費用，制不可考。南朝田制，無可紀述，一律放任人民私有，不加限制，政府只從中抽取戶調之徵。梁武帝天監三年，雖有「尤貧之家勿取今年之調無田產者所在量宜賦給」之詔，惜無定制，而人民仍無實惠。

戶調之徵與糧政　東漢之季，軍事繁興，因守三十稅一之制，博薄賦之名，而行苛暴擾民之實，故三國時已打破舊制，魏志高堂隆傳曰：

「將吏俸祿稍見折減。方之於昔，五分居一。諸受休者，又絕廩賜。不應出者，今皆出半。此爲官入，益多於舊；其所出與，叁少於昔。而用度經支，更每不足。牛肉小賦，更每相繼。」

吳志記孫權言曰：

「自孤與軍五十年，所役賦凡百，皆出於民。天下未定，孽類猶存，士民勤苦，誠所貫知。然勞百姓，事不得已也。」

覩於度支經用之不足及士民勤苦者，皆基於租入之重，斷非三十稅一之薄賦。斯時社會環境，既不能令民自實其田，又不能遣守吏覈考，不得不折衷而有戶調之徵。

考征賦之法，不外爲就田問賦與就丁問田。兩漢之制，民田三十而稅一，此從田稅也。高祖初爲算賦，人年五以上至五十六出賦錢，以人出百二十爲一算，此從丁稅也。其有挨戶問糧者，則介乎從田從丁之間，即爲戶調之始。通考述西晉戶調云：

「自是以降，戶稅較重，齊周隋唐因之。賦稅沿革，微有不同。大抵計畝而稅之令少，計口而稅之令多。至唐始分爲租庸調。」

魏志記曹操建安九年之令曰：

「有國有家者，不患寡而患不均。袁氏之治也，豪強兼幷，親戚擅恣。下民貧弱代出租賦。

望百姓親附甲兵彊盛，其可得乎？其令田租畝四升，戶出絹二匹綿二斤而已，他不得擅興發。」

執此而言，則於不易淸查之田畝，課以輕稅；而較易淸查之戶額，課以重稅，是戶調之前身也。田畝之調查，較難於戶籍之整理，故重戶稅而輕田租者，避重就輕，避繁趨簡也。然就田問賦，手續雖繁而法最善：就丁問田，手續較簡而流弊多，實非合理之糧政。泰和四年傅玄曾上言曰：

「二千石雖奉務農之詔，猶不盡心以盡地利。昔漢氏以墾田不實，徵殺二千石以十數。臣愚，以爲宜申漢氏舊典。」

是在西晉未統一中國以前，不曾着手於土地之調查，及平吳以後，乃制戶調之式。除受田之法前節詳述外，丁男之戶，歲輸絹三匹，綿三斤。女及丁男爲戶者半之。其餘邊郡，或輸三分之二，或三分之一。夷人輸賨布，戶一匹，遠者或一丈，此卽爲戶稅，而田稅已在其中矣。馬端臨曰：

「三十稅一者，田賦也；二十始傳，人出一算者，戶口賦也。今晉法如此，似合二法而爲一。然男子一人，占田七十畝，丁男課田五十畝，則無無田之戶矣，此戶調之所以又行歟？」

按馬氏謂晉合二法而爲一，甚爲正確，至其謂無無田之戶，則未可佐證，蓋晉之受田，僅限於官田之分配，未嘗實行計口之普遍受田，前節詳言之。其所以行戶調者，實一時權宜之計，暫以戶爲賦而不問其田也。

從戶而稅是否合理，請以下列之兩種現象爲證。考六朝之世，累世同居者頗多，如會稽平水雲門之間，有裘氏義門，自齊梁以來，七百餘年無異爨，因避戶調之繁，往往累世不肯別炊也。其另一現象，則爲地主多田者出一戶之稅，而田少者亦出一戶稅，不足以示其平。晉自渡江以後，至成帝咸和五年，始度百姓田，取十分之一，率畝稅三升，哀帝即位，減田租畝收二升，是又舍戶而稅田矣。孝武帝太元二年，除度田定租之制，王公以下，口稅三斛，惟蠲在身之役。八年又增稅米口石。是又從口稅，計其稅田時間，不過三十七年耳。

民食之概況　三國紛亂戎馬倥傯之際，不暇為民食計。晉武帝時，穀賤而布帛貴，帝欲立平糴法，用布帛市穀以為糧儲，議者謂軍資尚少，不宜以貴易賤。至泰始二年詔曰：

「古人權量國用，取贏散滯，有輕重平糴之法。此事久荒，希習其宜，而官蓄未廣，言者異同，未能達通其制。更令國寶散於穰歲而上不收；貧弱困於荒年而國無備。豪人富商挾輕資蘊重積，以莞其利，故農夫苦其業，而末作不可禁也。今宜通糴以充儉乏，主者平議具為條制。」

詔下未見實行。四年，立常平倉，豐糴儉糶，以利百姓。八王亂後，雍州以東，人多饑乏。幽、并、司、冀、秦諸州皆被蝗災，草木及牛馬毛俱盡，民食艱難，白骨蔽野，懷帝為劉曜所困，糧食恐慌更甚，比屋不見烟火，饑人相啖食。百官流亡者十八九，民得幸存者十不及五。元帝寓居江左，無積蓄之資，國　所需者，隨土所出，臨時折課市取，毫無定制。帝乃督課勸農，詔二千石長吏，以入穀多少為殿最。孝武帝末年，百姓始得安樂其業。

宋文帝元嘉中，三吳大水，穀貴民不得食，而富商蓄賈乘機抬價，遂下令積蓄之家，聽留一年備食之儲，餘皆勒使糶貸，為制平價。齊武帝永明六年，米穀貴而布帛賤，帝出庫錢五千萬於京師市米買絲綿紋絹。其他揚州、徐州、荊州、南兗、雍州各地，視其所宜，各出錢為市買，而米價漸跌。

五胡之亂，淮北異族爭雄，互相殘殺，民廢農業。道武帝經略天下，以足食為本，躬耕籍田。明元帝時，屢遭水旱饑荒，民食缺乏，乃簡尤貧者就食山東。孝文帝十一年大旱，京都民饑，加以牛疫，乃以馬驢駕車輓耕。聽民向他處就食，沿路給糧稟食，至所在，由鄰里黨之長瞻養之，並遣使時加省察，其留業不去者，令所管地方官吏開倉振貸。其有特不能自存者，悉令檢集，爲粥於街衢，以救其困。然主事之吏不明，甚多餧死。十二年詔求安民之術，有司上言，請析州郡常調九分之二，京都度支歲用之餘，各立官司，豐年糴貯於倉，時儉則減私之二糶之於民。如此，民必力田以買官絹，積財以取官粟。年登則常積，歲凶則直給，又別立農官，取州郡戶十分之一，以爲屯民；相水陸之宜，斷頃畝之數，以贓贖雜物，市牛科給，令其肆力，一夫之田，歲責六十斛，甄其正課，幷徵戍雜役。行此數事，則穀餘而民足矣。行之數年，公私豐贍，雖時有水旱，不爲災。至正光四年，四方多事，國用不給，預征天下六年之租調，民不堪命。莊帝承喪亂之後，又頒入粟鬻爵之制。及於魏孝靖帝，折絹糴粟以充國用，庫稟稍裕，元象興和之中，歲連穰，穀斛僅直九錢。總觀以上兩晉南北朝之局勢，極爲混亂，故關於糧政之措施，並無定制，紛爭攘奪情況之下，而民生益凋敝矣。

戶調制度之變遷　戶調與糧政之關係，前節已略及之，因兩晉南北朝三百五十餘年之中，制度變遷特甚，足供檢討糧政得失之參考，故補述如此。魏收田租畝四升，戶絹二匹，綿二斤。晉武帝時丁男之戶，歲輸絹三匹，綿三斤，女及次丁男爲戶者半輸。成帝時，度百姓田，取十分之一，率畝稅米三升；哀帝改畝稅二升。孝武帝除定田收租之制，改從口稅，凡公王以下口稅三斛，太元八年增稅口米五石。馬端臨考之曰：

「晉制男一人授田七十畝，以畝收三升計之，當口稅二斛一斗；以畝收二升計之，當口稅一斛四斗。今除度田收租之制，而口稅二斛增至五石，則賦頗重矣。豈所謂公王以下云者，又非泛泛授田之百姓歟？」

魏定調制，一夫一婦帛一疋粟二石，人年十三以上未娶者，四人出一夫一婦之調。奴任耕婢任績者八口當未娶者四，耕牛十頭當奴婢八。其麻布之鄉，一夫一婦布一疋，下至牛以此為降，大率十疋中，五疋為正調，二疋為調外費，三疋為內外百官俸。孝文帝延興四年，詔州郡人十丁取一以充行，戶收租五十石以備年糧　太和八年　始準古班百官之祿，以官品第各有差。先是戶以九品混通，戶調帛二疋，絮二斤，粟二十石　又帛一疋二丈，委之州庫，以供調外之費。至是戶增帛三疋，粟二石九斗以為官司之祿，復增調外帛滿二疋，所調各隨其土所出。孝明帝孝昌二年，稅京師田畝五升，借貸公田者畝一斗。莊帝即位，因人貧富為租輸三等九品之制，千里內納粟，千里外納米，上三品戶入京師，中三品入他州要倉，下三品入本州。靜帝時，以天下調絹不依舊式，乃定悉以四十尺為度。齊成武之世，戶口租調，十亡六七，至河清三年，始定律民年十八受田，輸租調，二十充兵，六十免力役，六十六退田，免租調。卒人一牀調（一牀調即一份調）絹一匹，綿八兩，凡十斤綿中折一斤作絲；墾租二石，義租五斗。奴婢各准良人之半。牛調二尺，墾租一斗，義租五升。墾租送臺，義租納郡，以備水旱。墾租皆依貧寬為三梟。其稅賦常調則少者直出上戶，中者及中戶，多者及下戶。上梟輸遠處，中梟輸次遠，下梟輸當州倉，三年一校焉。租入臺者，五百里內輸粟，五百里外輸米。入州鎮者輸粟，人欲輸錢者准上絹收錢。武平之後，權幸賜予無限，乃科境內六等富人調，令出錢，北周太祖作相，創制六官。司賦掌功賦之政令。凡人自十八至六十四與輕癃者皆賦之。有室者歲不過絹一疋，綿八兩，粟五斛；丁者半之。其非桑土，有室者布一疋，麻十斤；丁者又半之。豐年則全賦，中年半之，下年三之，皆以時繳納。若凶年則不徵。司役掌力役之政令。凡人自十八至五十九，皆任於役，豐年不過三旬，中年則二旬，下年則一旬。凡起徒役，無過家一人。其有年八十者，一子不從役，百歲者家不從役。廢疾非人不養者，一人不從役。若凶札，則無力徵。隋興，仍依周制，役丁爲十二番，匠則六番。定令丁男一牀租粟三石，桑土調以絹絁，麻土以布。絹絁以疋，綿三兩，布以端加麻三斤。單丁及僕隸各半之。未受地者皆不課。開皇三年，初令軍人以二十一成丁，減十二番每歲爲三十日役，減調絹一疋爲二丈。北朝之賦役，雖累有損益，而制度不殊，魏晉之戶調，已爲其先河。東晉及南朝無均田之制，而稅法亦略似於此。茲將賦役之比較列表於後：

魏晉迄隋租調比較表

朝代	租	調	備註
魏	畝粟四升	戶絹二疋綿二斤	
晉	不詳	戶絹三疋綿三斤女及次丁男爲戶者半輸	
東晉	租米五石祿米二石丁女半之	布絹各二丈絲三兩綿八兩祿絹八尺祿綿三兩二分丁女半之	每歲役二十日
後魏	一夫一婦粟二石單丁五斗奴婢二斗半牛一斗	帛一疋綿八兩或布一疋麻十五斤單丁以下準租例遞減	

北齊	墾租二石義租五斗奴婢半之牛墾租一斗義租五升	絹一疋綿八兩奴婢半之牛二尺	
北周	粟五石丁半之	絹一疋綿八兩或布一疋麻十斤丁半之	每歲役三十日
隋	粟三石單丁及僕隷半之	絹一疋綿三兩或布一端麻三斤單丁及僕隷半　旋減調絹一疋爲二丈	每歲役三十日　旋改爲二十日

（說明）按隋以前無庸法定制，至唐始詳。然東晉曾規定歲役二十日，北周三十日，隋初定三十日，旋亦改爲二十日，故附志於備註欄內。　絹布以幅廣二尺二寸長四十尺爲一疋，六十尺爲一端。江左三斗合隋制一斗，是隋征三石，實當江左九石，大抵魏晉以後，單位漸大，尤以北朝爲甚。

均田制之檢討　魏齊之制，一夫受露田八十畝，而丁牛一頭受田六十畝，限四牛。則富有四牛者，可受田三百二十畝，較貧無牛者之所受高出四倍。奴婢受田依良民，而其價實又如牛馬，富者買奴百人，即可受田八千畝。一家蓄奴婢之數，後魏無限制，是富者買奴愈多，受田愈廣而穫利亦愈豐。北齊雖略加限制，而親王限蓄三百人，可受田二萬四千畝，與貧農無力買奴與牛者相較，則去甚遠。隋之親貴，田多者百數十頃，九品官亦有二頃，較庶民之有永業二十畝者，亦顯有軒輊。賦役之不均，亦爲均田制度下未能徹底改革者。奴婢受田如良民，而租調則半之，牛稅尤少，又有高蔭免稅之制，是田多而納稅輕，課役有不及者也。其更有姦吏弄法，捨豪強而征貧弱者，則又爲稅制以外之人事問題，其苛擾百姓則一。

義倉之創立　關中之粟常不給，恆賴漕關東之粟以爲民食。後魏以前，漕運之制，困民特甚，雖於水運之次，隨置倉庫，以應軍國之需，但隋文帝開皇三年，京師倉庫猶虛。遂於蒲、陝、汴、汝等水次諸十三州，置募運米丁，又於衛州置黎陽倉，陝州置常平倉，華州置廣通倉，轉相灌注，漕關東及汾晉之粟以給京師。續開廣通渠以利關中之運輸。其最有關民食者爲創立義倉。工部尚書長孫平奏曰：

「古者三年耕而餘一年之積，九年作而有三年之蓄，雖水旱爲災而人無菜色，皆由勸導有方，蓄積先首故也。……請令諸州百姓及軍人勸課當社共立義倉。收穫之日，隨其所得，勸課出粟及麥，於當社造倉窖儲之。卽委社司執帳檢校，每年收積，勿使損敗。若時或不熟，當社有饑饉者，卽以此穀賑給。」

考其原意，重在當社立倉，但開皇四年以後，十年之中，諸州頻旱，百姓饑饉，政府忙於給散，原意漸失。十四年災情最慘，文帝遣左右視民食，得豆屑雜糠。帝爲之流淚，不御酒者將一期。乃帥民就食洛陽，從官並准見口賑給，不以官位爲限。十六年詔當縣設立社倉，准上中下三等稅，上戶不過一石，中戶不過七斗，下戶不過四斗，而義倉之制至此發生絕大之變化。前者爲勸課出粟及麥，今則定爲稅制，由自由捐輸變爲輸稅定額之一種。前者當社立倉，社司可以執帳檢校，今則當縣立倉，有官吏挪用勒派之弊，賑給之事，人民不能過問矣。

第四章　唐代糧政

田制與租庸調　北魏均田之制，歷北齊北周及隋四代而未改，逮於唐，則斟酌前法而加以損益。分田爲「世業」及「口分」。世業之田，身死則乘戶者便受之；口分之田則收入官更以給人。民年十八以上給田一頃，篤疾廢疾給四十畝，寡妻妾三十畝，若爲戶者加二十畝，皆以二十畝爲世業，其餘爲口分。世業之田，樹以楡桑及所宜之木。田多可以足其人者爲寬鄉；少者爲狹鄉。狹鄉受田減寬鄉之半。其地有厚薄，歲一易者倍受之；寬鄉雖三易不倍受。工商者寬鄉減半，狹鄉不給。凡庶人徙鄉及貧無以葬者，得賣世業田；自狹鄉而至寬鄉，得並賣口分田，但已賣者不復受。北魏之制，民得賣溢額之田，未滿額者不得賣，而唐則不加限制，不僅可賣世業，而口分之田，由狹鄉遷寬鄉時亦可變賣，是名爲官授之田，實即私產也。唐之田制，旣略加損益前代之法，而田賦之征，亦大半沿襲與承受前法。前者南人取之於民，徘徊於從戶從田，從丁稅田，從田稅田三項辦法之中；北人則始終稅丁而不稅田，故唐之租庸調，多采北人之制，間亦雜用南人從戶從田之說。蓋從戶而稅之弊，爲人民不析居；從田而稅之弊，爲田畝難於稽覈：從丁而稅之弊，爲亡丁之多與蔭附之衆。唐雖以從人丁之稅爲本，但有團貌之法，籍帳之設，較北人之制嚴密多多矣。

武德二年制，每丁租二石，絹二丈，綿三兩。自茲以外，不得橫有調斂。寄租調於丁自此始。

三年均田賦稅，唐會要云：

「每丁歲入粟二石，調則隨鄉土所產，綾絹絁各二丈，布加五分之一。輸綾絹絁者，兼調綿三兩，輸布者，麻三斤，丁歲役二旬，若不役，則收其庸，每日三尺。有事而加役者，旬有五日，免其調；三旬則租調並免。通正役不過五十日，夷獠之戶，皆從半稅。凡水旱蟲傷爲災，十分損四以上免租；損六以上免調，損七以上課役並免。」

但唐書云：

「凡授田者，丁歲輸粟二石，稻三斛，謂之租。丁隨鄉所出，歲輸絹二匹，綾絁二丈，布加五之一，綿三兩，麻三斤；非蠶鄉則輸銀十四兩，謂之調。用人之力，歲二十日，閏加二日。不役者日爲絹三尺，謂之庸。」

此兩說略有出入，但皆以人丁爲本，則未嘗異。

唐制四萬戶以上爲上州，三萬戶以上爲中州，不滿者爲下州。六千戶以上爲上縣，二千戶以上爲中縣，不滿一千戶爲下縣。百戶爲里，五里爲鄉，郊外爲村。里及村坊皆有正以司督察。四家爲鄰，五鄰爲保，保有長以佐州縣禁約。又里有首實，歲終具民之年與地闊狹爲鄉帳，鄉成於縣。縣成於州，州成於戶部。又有計帳，具來歲課役，以報度克。國有所須，先奏而斂，凡斂之數，書於縣門村坊，與衆週知。是征取之制校詳於前，而團貌之法，籍帳之創，又爲針對舊制之弊而予以糾正者也。武德六年，民以始生爲黃，四歲爲小，十六爲中，二十一爲丁，六十爲老。諸州每歲一團貌，計戶口。凡人丁老疾，應免課役及給侍者，皆由縣親貌形狀，以爲定簿。一定之後，不得更貌。疑有姦欺者，聽隨時貌定，以符手實。開元二十九年，令三年團貌一次（舊制一年團貌一次）新丁附於籍帳者，春則課役並征，夏則免課從役，秋冬則課役俱免。武德六年，令每歲一造册，三年一造籍。州縣留五比，尙書省留三比。景龍二年勅諸籍應送省者，應附當州庸調。縣司責手實計帳依式勘造。鄉別爲卷，總寫三通。其縫皆註明某州某縣某年籍，州名用州印，縣名用縣印。三月三日納訖，並裝潢一通，送尙書省，州縣各留一通。所須紙筆裝潢，並皆出當戶內口，戶別一錢。其戶每以造籍年，預定爲九等，便注籍脚。有析居新附者，於舊戶內以次編附。

古所謂有粟米之征，力役之征，布縷之征，唐皆兼具，卽租庸調也。惟田賦之不計畝而計丁或戶，則必實行徹底之均田制度，先必人皆受田，然後可以按丁按戶納賦，今均田之行有名無實，極不合計丁計戶征稅之原則，此唐之所以改行兩稅法也。

兩稅制之實施　租庸調制度之維持，全恃戶口之統計，而不稽考田畝之數字。玄宗中興之初，宇文融請括籍外羨田，逃戶自占者，給復五年。每丁稅千五百錢，以攝御史分行括實。計諸道所括，得客戶八十餘萬，田亦稱是。按由戶口以定田賦之制，則戶籍重於地册；由地以定賦，則地册又重於戶籍。在以身丁爲本之租庸調制下，宇文融之括浮戶以達整理田賦目的，實屬正當，然不能治本，故楊炎之兩稅法，較括浮戶又進步矣。在兩稅法未實施以前，考諸史籍，曾一度以畝定稅，蓋開元以後，天下戶籍，久不更造，丁口轉死，田畝賣易，貧富升降皆不實。代宗時，一戶二丁者免一丁，畝稅二升。上都秋稅分二等，上等稅一斗，下等六升。荒田畝二升。廣德六年，定夏上田畝稅六升，下田四升。秋上田畝稅五升，下田三升。荒田如故。是在楊炎兩稅法以前，租庸調之制早不適用矣。

唐書楊炎傳曰：

「初定令有租庸調法，自開元承平，久不爲版籍。法度刓敝，丁口、田畝、貧富等項，悉非往時，而戶部悉以空文上之。又戍邊者，蠲其租庸。玄宗事夷狄，戍者多死，邊將諱不以聞，故籍貫不除。天寶中，王鉷爲戶口使，方務聚斂，以其籍存而丁不在，是隱課不出。乃按舊籍當免者，積三十年，責其租庸。人苦無告，法遂大敝。至德後，天下起兵，因以饑饉，百役並作，河南、山東、荊襄、劍南重兵處，皆厚自奉養。王賦所入無幾，科斂凡數百，名廢者不削，重者不去。新舊仍積，不知其涯。百姓竭膏血，鬻親愛，旬輸月送，無有休息。吏因其苛，蠶食於人。富人多丁者，以宦學釋老得免；貧人無所入，則丁存。故課免於上而賦增於下，是以天下殘瘁，蕩爲浮人。鄉居里著者，百不四五。炎疾其敝，乃請爲兩稅法，以一其制。凡百役之費，一錢之斂，先度其數而賦於人，量出制入。戶無主客，以見居爲簿。人無丁中，以貧富爲差。不居處而行商者，在所州縣，稅三十之一。度所取與居者均，使無僥利。居人之稅，夏秋兩入之。俗有不便者正之。其租庸雜徭悉省，而丁額不廢。」

由此觀之，所謂兩稅制之實質，乃以資產爲主之賦制，改革過去從丁從戶之法，不僅合時代之要求，且爲最合理想之政策。雖有初未成丁而家累千金者乃薄賦之；又有年齒已壯而貧無立錐者乃厚賦之。今行兩稅之法，以貧富爲差，則有戶有丁而無田之家，得以稍舒喘息。

兩稅制之檢討　初定兩稅，貨重錢輕，乃計錢而輸綾絹，既而物價愈下，所納愈多。絹疋爲錢三千二百，其後一疋爲錢一千六百，輸一者過二，雖賦不增舊而民愈困。度支以稅物頒諸司，皆折本價虛估給之，而繆以濫惡。督州縣剝價，謂之增納；復有進奉宣索之名，改科役曰召雇，率配曰和市，以巧避微文。又癘疫水旱，戶口減耗，刺史析戶張虛數以寬，責逃死闕稅取於居者，一室空而四鄰亦盡，戶版不緝無浮游之禁。州縣行小惠以傾誘鄰境新收者優假之，唯安居不遷之民賦役日重。陸宣公上疏請革其甚害者，大略有六：其一曰：

「今兩稅以資產爲宗，不以丁身爲本。資產少者稅輕，多者稅重。不知有藏襟懷囊篋，物貴而人莫窺者；有場圃囷倉，直輕而衆以爲富者；有流通蕃息之貨，數寡而日收其贏者；有廬舍器用，價高而終歲利寡者，計估算緡失平，長僞挾輕費轉徙者脫徭稅，敦本業者困斂求，此誘之爲姦，毆之避役也。」

其二曰：

「先王定賦以布麻繒纊百穀，勉人功也。又懼物失貴賤之平，交易難準，乃定貨泉以節輕重。蓋爲國之利權，守之在官，不以任下，然則穀帛人之所爲也，錢貨官之所爲也。人所爲者租稅取焉；官所爲者賦斂捨焉。國朝令著，租出穀，庸出絹，調出繒纊布麻，曷嘗禁人鑄錢，而以錢爲賦。今兩稅效算緡之末法，估資產爲差，以錢穀定稅，折供雜物，歲目頗殊，所供非所業，所業非所供，增價以市所無，減價以貨所有，耕織之力有限，而物價貴賤無常。初定兩稅，萬錢爲絹三疋，今則爲絹六疋，前者價貴而數下多，後者價賤而數加，此供稅多而人力不給也。」

其三曰：

「廉使奏吏之能者有四科，曰戶口增加，曰田野墾闢，曰稅錢長數，曰率辦先期。夫貴戶口增加，詭情以誘姦浮，苛法以析親族。所誘者將議薄征則遽散，所析者不勝重稅則又亡，有州縣破傷之病。貴田野墾闢，然農夫不增而墾田欲廣，誘以墾殖荒田，限年免租。新畝雖闢，舊畲蕪矣。及至免租年滿，復爲汙萊，有稼穡不增之病。貴稅錢長數重困疲羸，捶骨瀝髓。苟媚聚斂之司，有不恤人之病。貴率辦先期作威殘人，絲不容織，粟不暇舂，貧者奔逃，有不恕物之病。四病繇考覈不切事情之過，驗之以實，則租賦所加，固有受其損者。此州若增客戶，彼州必減居人。增處邀賞而稅加，減處懼罪而稅不降。國家考課之法，非欲崇聚斂也。」

其四曰：

「明君不厚所資而害所養。故先人事而借其暇力，家給然後斂餘財。今督收迫促，蠶事方興而輸縑，農功未艾而斂穀。有者急賣而耗半直，無者求假費倍。」

其五曰：

「頃師旅亟興，官司所儲，唯給軍食，凶荒不暇賑救，人小乏則取息利，大乏則鬻田廬，斂穫始畢，執契行貸，饑歲室家相棄乞爲奴僕，猶莫之售，或縊死道途。」

其六曰：

「今富者萬畝，貧者無容足之居，依託強家爲其私屬，終歲服勞，常患不充。有田之家，坐食租稅，京畿田畝稅五升，而私家收租一石，官取一私取十，穡者安得食足？」

又有河南尹齊抗者，亦論其敝曰：

「定稅之初，錢輕貨重，故以錢爲稅，今錢重貨輕，若就其輕，則其利有六：一、吏絕其姦；二、人用不擾；三、靜而獲利；四，用不乏錢；五、不勞而易知；六、農桑自勸。百姓本出布帛而稅反配錢，至輸時復取布帛，更爲三估計折，州縣升降成姦，若直定布帛，無估可折。蓋以錢爲稅，則人力竭而有司不之覺，今兩稅出於農人，農人所有唯布帛而已，用布帛處多，用錢處少，又有鼓鑄以助國計，何必取於農人？」

以上兩說皆未見采用於當世，蓋以兩稅制度之原則理論，公正不偏，因有司之不公不明，致予反對者以口實耳。

兩稅與民生　建中初定兩稅而物輕錢重，民以爲患。至穆宗時，爲絹二疋半者值前之八倍，大率加三倍。豪家大商，積錢以逐輕重，農人日困，末業日增。戶部尚書楊於陵言：

「大歷以前，淄青太原魏博雜鉛鐵以通時用；嶺南雜以金銀丹砂象齒。今一用泉貨，故錢不足。宜使天下兩稅榷酒鹽利上供及留州送使錢，悉輸以布帛穀粟，則人寬於所求，然後出內府之積，收廢市之滯，廣山鑄之數，限邊裔之出，禁私家之積，則貨日重而錢日輕矣。」

宰相納其議。由是兩稅上供留子皆易以布帛絲纊，租庸課調不計錢而納布帛，惟鹽酒本以榷率計錢與兩稅異。會昌元年，令州縣所征科，斛斗一切依額爲定，不得隨年檢責，數外增加。百姓有人力能墾闢耕種，州縣不得輒問，所收苗子五年不在稅限，五年之外，依例納稅。於一鄉之中，先塡貧戶欠闕，如無欠闕，則均減衆戶多征斛斗，但令不失原額，不得隨田加率。

唐之困民，除征取無率及折色之弊以外，尚有預借與附加，不異於漢制之苛。按預借之始，不自兩稅之實施。乾元三年遷御史大夫，加稅地青苗錢物使，時以此錢充京百官料。廣德二年初稅青苗，大歷二年定制凡苗之畝，稅十五錢，市輕貨，給百官手力課，以國用急，不及秋，方青苗卽征之，號青苗錢。時淮南節度　陳少游請於當道，兩稅錢每千加稅三百，度支因請諸道悉如之。貞元八年，劍南西川觀察使韋皋奏請加稅什二，以增給官吏，此預借及附加之事實。更有滯征之罰，足證當時收稅限期之迫，民爲所困。舊唐書盧坦傳記憲宗時事曰：

「河南尹征賦限窮，而縣人訴以機織未就。坦請延十日，府不許。坦令戶人但織勿顧限。違之，不過罰令俸耳。既成而輸，坦亦坐罰。陸宣公所謂蠶事方興，已輸縑稅，農功未艾，遽征穀租者，殆亦指有司限輸之期過迫，不顧民生苦痛也。」

唐人詩中，紀民生痛苦之作甚多，茲錄香山諷刺重賦詩及聶夷中田家詩爲代表，足證兩稅實施後，人民生活益趨窘迫。香山詩云：

「厚地植桑麻，所要濟生民。生民理布帛，所求活一身。身外充征賦，上以奉君親。國家定兩稅，本意在愛人。厥初防其淫，明勅內外臣。稅外加一物，皆以枉法論。奈何歲月久，貪吏得因循。浚我以求寵，斂索無冬春。織絹未成匹，繅絲未盈斤。里胥迫我納，不許暫逡巡。歲暮天地閉，陰風生破村。夜深烟火盡，霰雪白紛紛。幼者形不蔽，老者體無溫。悲端與寒氣，併入鼻中辛。時日輸殘稅，因窺官庫門。繒帛如山積，絲絮如雲屯。號爲羨餘物，隨月獻至尊。奪我身上暖，賣爾眼前恩。進入瓊林庫，歲久化爲塵。」

夷中詩云：

「二月賣新絲，五月糶新穀。醫得眼前瘡，剜卻心頭肉。我願君王心，但作光明燭。不照以羅筵，偏照流亡屋。」

情景之慘，流露於詩句之外矣。

社倉常平倉之興廢　唐高祖代隋而帝天下，其卽位之武德元年，置社倉及常平倉。太宗貞觀二年，從尙書左丞戴胄建議，自王公以上，計墾田稼穡頃畝，至秋熟準其見在苗，以理勸課，盡令出粟；稻麥之鄉，亦同此稅。各納所在爲義倉。凡畝稅二升爲定制，其粟麥秔稻之屬，各依土地，貯之州縣，以備凶年。惟寬鄉斂以所種，狹鄉據靑苗簿而督之。田耗十四者免其半，耗十七者皆免。商賈無田者，以其戶爲九等，出苗自五石至五年爲差，下下戶及夷獠不取焉。其後洛、相、幽、徐、齊、幷、秦、蒲諸州，皆置義倉，粟藏九斗，米藏五年。下溼之地，粟藏五年，米藏三年，皆著於令。高宗武后之數十年間，義倉不許雜用，其後公私窘迫，漸貸義倉支用。中宗時，令百姓將應征義倉之米，每三年赴京繳納一次，民爲所困，開元四年始能之。七年，關內、隴右、河南、河北五道及荊、揚、襄、夔、綿、益、彭、蜀、資、劍、茂等州皆置倉。其本上州三千貫，中州二千貫，下州一千貫。貸糧標準爲三口以下給米一石，六口以下二石，七口以下三石，給粟者準以米計折。二十五年定制王公以下，每年戶別據所種田畝，別稅[illegible]二升以爲義倉。其商賈無田及不足者，上上戶稅五石，上中以下遞減各有差。諸出給雜糧準粟者，稻穀一斗五升當粟一斗，稻三石折納米一石四斗。天寶三年以後，海內富實，米斗直錢十三，靑齊諸州，僅直三錢。絹一匹，錢二百，驢行千里，不持尺兵。道路列肆共酒食，以待行人。想見當時之民生富庶，盜賊消弭。其時國家歲入租錢二百餘萬緡。粟千九百八十餘萬斛，庸調絹七百四十萬疋，綿一百八十餘萬屯，布千三百五十餘萬端。義倉所儲之糧，在天寶八年時，乃有六千三百餘萬石。逮於穆宗，義倉之粟，常爲人盜用，致使小有水旱，生人坐委溝壑，遂令諸州錄事參軍專主苟當。苟爲長吏迫制，許驛表上聞。考滿之日，戶部差官交割，如無欠負，與減一選；如欠少者，量加一選。欠數過多，戶部奏聞降級科處。

常平之制，起於太宗，於京東西置二倉。開元二年，歲豐，穀價至賤，乃令諸州加時價兩三錢糴米，不得抑勒。錢米交相付領，不得懸久。十六年穀又普熟，以常平本錢及當處物，各於時價上量加三錢，百姓有糶易者爲收糴，事須兩和，不得限數配糴。天寶八年，其常平倉糧凡四百六十餘萬石，亂後，廢常平制者，垂三十年。至德宗時，京師兩市置常平官，兼儲布帛。復於江陵、成都、揚、汴、蘇、洪等州府，各置常平輕重本錢，多者百萬緡，少者亦數十萬，隨其所宜，積米粟布帛絲麻。又於諸津會置吏閱商賈錢，每緡稅二十；竹茶漆十之一，以贍常平本錢。旋以朱泚作亂，軍用蹙迫，常平本錢，隨之耗竭。貞元九年從張滂言，就出茶州縣及茶山外商人要道，以三等定估，十稅其一。每稅得四十萬緡，儲諸內府，雖遇水旱，未嘗以錢賑贍。陸宣公請以此錢復倉儲，奏曰：

「……立國而不先養人，國固不立矣；養人而不先足食，人固不養矣；足食而不先備災，食固不足矣。宜令轉運使總計諸道戶口多少，以歲得茶稅五十萬貫，均融分配，各由當道巡院主事。每至穀麥熟時，卽與觀察使計會散就管內州縣和糴，便於當處置倉收納。亦以義倉爲名，除賑給百姓以外，一切不得貸便支用。如時大稔，事至傷農，則優與價錢，廣其糴數。穀若稍貴，糴亦便停。所糴多少，與年上下。准平穀價，恆使得中。每遇災荒，卽以賑給。小歉則隨事借貸，大饑則錄奏分頒。許從便宜，務使周濟，循環斂散，以爲常制。則蓄財息債者，不能耗吾人；聚斂幸災者，無以牟大利。富不至侈，貧不至饑，農不至傷，糴不至貴矣。」

宣公之議，極中要肯，然以讒逐未付實施，而茶稅之入，亦未用於水旱之拯濟也。

德宗之後，常平義倉之制，無顯著之存廢實例，但遇米貴，則出官倉米穀賤價出糶，而官倉之制不詳，殆異常平義倉歟？至文宗太和九年，以天下回殘錢置常平倉本錢，翌年又令諸州府置常平義倉，通公私田畝，別納一升，逐年添儲。太宗嘗問監倉御史崔虞以太倉穀數，虞曰：「有粟二百五十萬石。」帝曰：「今歲費廣而所蓄寡，奈何？」於是詔出使郎官御史督察州縣壅遏錢穀者。蓋其時豪民侵噬，產業不移戶，州縣不敢侵役，而稅皆出於下貧。至於依富爲奴客，役罰峻於州縣。長吏歲輒遣吏巡覆田稅，民苦其擾。

和糴之利弊　綜觀唐代倉儲成於貞觀，而盛於開元。自天寶亂後，蕩然無存，其言措置本錢，恢復倉儲者，皆藉名以濟私。大盜屢起，方鎮數叛，兵革之興，累世不息；而用度之數不能節矣。加以驕君昏主，姦吏邪臣，取濟一時，屢更其制，而經常之法蕩然。其更有和糴之制，雖名爲備荒濟民，然行之不當，擾民害農，莫可言狀。開元後，邊土西舉，高昌、龜茲、焉耆、小勃律，北抵薛延陀故地，緣邊數十州，戍重兵，營田及地租，不足以供軍，於是初有和糴，牛仙客爲相，有彭果獻策廣開輔之糴，京師糧廩益羨。天寶中，歲以錢六十萬緡付諸道和糴，斗增三錢。每歲遞輸京倉者，百餘萬斛。米賤則少府加估而糴，貴則賤價而糶，寓調節豐歉之旨於和糴，意至善也。貞元初，吐蕃刧盟，召諸道兵十七萬戍邊，關中爲吐蕃蹂躪者二十年。北至河曲，人戶幾無。諸道代兵月給粟十七萬斛，皆糴於關中。陸宣公奏以淮南諸州米每斗當錢一百五十文，從淮入渭橋，每斗船脚又約用錢二百文，計運米一斗，總當錢三百五十文。其米既糙且陳，尤爲京邑所賤。據市司月估，每斗只得糶錢三十七文，而已耗其九存其一，餒彼人而傷此農，制事者斯可謂深失矣。請於京中和糴，則一年和糴之數，當轉運之二年；一斗運轉之資，可當和糴之五斗。減轉運以實邊，存轉運以備時要，江淮米至河陰者罷八十萬斛，河陰米至太原倉者罷五十萬斛，太原米至東渭　者罷二十萬斛，以所減罷之米，糴江淮水災州縣，斗減五十以救乏。京城東渭橋之糴，斗增時値三十以利農，則計莫善焉。

宣公所言罷轉運之利，因涉及唐之漕運制度，故此節略述及之。唐都長安，雖稱沃野之區，其所出不足以給備水旱，故常轉漕東南之粟。太宗以前，府兵之制未壞，有征行則出兵，無征行則歸田，民無所困；且物用有節，水陸漕運歲不過二十萬石。高宗以後，歲益增多，江淮漕至東都，以車或馱陸運至陝。因水行來遠，多風波覆溺之患，其失常十七八；故率一斛得八斗。陸運至陝，纔三百里，率兩斛計傭錢千，殊不合經濟原則。宣州刺史裴耀卿曰：

「江南戶口多，雖無征防之役，然送租庸調物，以歲二月至揚州入斗門，四月以後始渡淮入汴，常苦水淺，六七月乃至河口，而河水方漲，須八九月水落始得上河入洛，而漕路多梗，船檣阻隘，江南之人，不習河事，轉雇河師水手，重為勞費，其得行日少，阻滯日多，宜仿瀕河置倉之制。」

遂於河口置武牢倉，鞏縣置洛口倉，罷陝境陸運。使江南漕舟至河口者，輸粟於倉而去。縣官雇舟以分入河洛，又置倉於三門東西，漕舟輸其東倉，陸運輸其西倉；河陰置河陰倉，河西置柏崖倉。自江淮漕者皆輸河陰倉，由河陰西至太原謂之北運，自太原倉浮渭以實關中。此法實行以後，三年之中，省陸運傭錢三十餘萬緡。

明乎漕運之制，則宣公罷轉運而主和糴者，其議甚當，惜未盡用其策。憲宗即位之初，有司以歲豐藏，請畿內和糴。當時京畿和糴，多被抑配，或物估踰於時價，或先斂而後給直。府縣配戶督限，有稽違則追蹙鞭撻，甚於稅賦。白居易上疏曰：

「和糴之事，以臣所觀有害無利。何者？凡曰和糴，則官出錢民出粟，兩和商量然後交易。今則不然，配戶督限，蹙迫鞭撻，甚於正稅，何名和糴？今若令有司出錢，開場自糴，比時價稍有優饒，利之誘人，人必情願；且本請和糴，惟圖利人，人若有利，自然願來。今若除前行之弊，行此之便，是眞爲和糴利人之道。又必不得已，則不如折糴。折糴者，折靑苗稅錢，使納斗斛，免令賤糶，別納見錢，在於農人，亦眞爲利。況度支比來所支和糴價錢，多是雜色匹段，百姓又須轉賣，然後將納稅錢，至於給付不免侵偸，易貨不免損折，所失過本，其弊可知。今若量折稅錢，使納斗斛，則旣無賤糶麥粟之費，又無轉賣匹段之勞，利歸於人，美歸於上，則折糴之便，豈不昭然？由是而論，則配戶不如開場，和糴不如折糴，亦甚明矣。」

元和七年，澤蔡貯和糴之粟四十萬石，鄭滑易定各十五萬石，夏州八萬石，河陽十萬石，太原二十萬石，靈武七萬石，振武豐氿鹽州各五萬石，凡共百三十萬石。長慶四年，關內外折糴和糴之數，達百五十萬石，此皆爲較高之紀錄。其有因和糴擾人而罷者，僅見諸局部之實行，如長慶元年罷京北京西和糴，未嘗廢其制也。

按太宗勵精圖治，貞觀初戶不及三百萬，絹一匹，易米一斗。至四年，斗米四五錢，人行數千里不齎糧。十五年，米斗僅直兩錢。高宗麟德三年，米斗折五文，但至永淳元年，京師水災，每年四百錢。祿山亂作，而民食更艱，百姓殘於兵盜，又苦於幣制貶值，斗米值錢七千。鬻粇爲糧，民行乞者屬路，雖有寵爵秩誘賑費乏之詔，而顛沛離散，未嘗稍戢。此足與唐代糧政之得失相對照，迄於五代之亂，而民生更爲困苦矣。

第五章　宋代糧政

宋之田制　均田之制既壞，王公百官及富豪之家，恣行幷吞，而貧弱者愈不能保其產業，困頓日甚。禍亂相尋，人民流離失所，田園荒蕪。宋興乃有招徠勸課之詔，凡逃戶無主、犯罪沒入及山野新墾之田，充爲官田（宋代沒籍之產甚多，如建炎元年，籍蔡京王黼等莊爲官田。紹興六年，以賤徒田舍充官田。嘉定元年，以韓侂胄與其他權倖沒入之田爲官田。）其處分之方法，或募民耕種而官收其租；或出賣於民；（紹興元年以軍事不足，詔鬻官田，承買者免租三年。）或充屯田營田之用。太宗太平興國中，詔兩京諸路召集餘夫分劃曠土，勸令種蒔，卽以所墾之田爲永業，官不取租。至道元年，夏詔州縣曠土許民請佃爲永業。初無兼幷之禁，故富者地大業廣，阡陌相連，募召浮客，分耕其中。而小農之有田者，憚於差徭之煩，相率以田典賣於形勢之家，以圖免役。勢家得挾田自肥，操奇贏之資，取貧者倍稱之息。仁宗雖有詔限公卿以下毋得占田過三十頃，牙前將吏應復役者不得過十五頃，但行之未久，任事者以爲不便而廢，兼幷冒僞，相沿成習，終不能禁也。

神宗以田賦不均，重修定方田之法。以東西南北各千步當四十一頃六十六畝，百六十步爲一方。隨陂原平澤而定其地，因赤淤黑壚而辨其色，以地及色，定肥瘠爲五等，買賣分割，必須由官給契。是爲清釐田賦之精確辦法，惜行不久而廢。　更有根括之法，雖爲整理田制步驟之一，但困民擾民之弊，實所難免。根括者，係查驗民間地主田契，如現在之地主無契，則追究前主，由前主再追究於無契可證時，則追令立官租。縱有契據矣，又須以樂尺打量，如有盈額與契據不符，則沒公增課，是爲公田。

南渡以後，軍用浩繁，紹興元年有盡鬻諸路官田以資挹注之詔。守令之賞罰，以賣田多寡爲準；又以寬賦役誘人買田，其實行之結果，上田價輕，概爲勢家所得；下田價重，則無人承買，折配之弊，隨之發生，百姓騷動。當時鬻賣官田之策，實因救急用於一時，故不計官失其租之利害。賈似道當國，思有以挽救時弊，行以官品計頃，以品格計數爲限田之法。凡官戶田產逾限之數，抽三分之一以充公田。遂置買官田所。浙西、平江、嘉興、安吉、常州、江陰、鎭江等六郡，買囘官田三百五十餘萬畝，每鄕置官莊一所，民爲官耕者曰官佃；爲官督者曰莊官。然官旣得租，而民困仍未蘇。宋史食貨志曰：

「浙西田畝有直千緡者，似道均以四十緡買之。數稍多，予銀絹；又多予度牒，告身（當時幣制名）。吏又恣爲操切，浙中大擾。有奉行不力者，提領劾之。有司爭相迎合，務以買田多爲功，皆繆以七八斗爲石。更有督買田至以肉刑從事。」

德祐元年，詔罷公田，並給田主，但衆叛親離，挽救不及，而宋祚訖矣。

宋之田賦　五代糧賦之政，極爲紛歧。有爲軍人截留自私；有在兩稅以外妄加科配；而其最大之弊，則爲折色本色不能統一。故李琪曰：

「救人瘼者，以重斂者爲病源。料民食者，以惠農爲軍政。如以六軍方闕，不可輕徭。兩稅之餘，猶須重斂。則不以折納爲事，一切以本色輸官。又不以紐配爲名以正耗，止加納猶應感悅，未至流亡。」

其征本色之弊，又因姦吏　苛暴而生，薛史王章傳曰：

「舊制，秋夏苗租，民稅一斛，別輸二升，謂之雀鼠耗。乾佑中，輸一斛者，別輸二斗，目之爲省耗，百姓苦之。又官府出納緡錢，皆以八十爲陌，至是民輸者如舊，官給者以七十七爲陌，遂爲常式。」

宋反唐季五代之弊政，故先取征賦之權，統歸於轉運使。次則定履畝而稅之率。考蘇轍於元祐間上言曰：

「財賦之源，出於四方，而委於中都。故善爲國者，藏之於民，其次藏之州郡。州郡有餘，則轉運司常足。轉運使既足，則戶部不困。唐制，天下賦稅，其一上供，其一送使，其一留州。比之於今，上供之數，可謂少矣。祖宗以來，法制雖殊，而諸道蓄積之計，猶極豐厚。是以斂散及時，從合由己。利柄所在，所爲必成。自熙寧以來，言利之臣，不知本末之術，欲求富國，而先困轉運司；轉運既困，則上供不繼。上供不繼而戶部亦憊矣。故內帑別藏，雖積如山丘，而委爲朽壤，無益於算。」

觀此雖革五代之弊，由地方取回財政權，操諸中央，殊不知地方又有額外誅求之弊。陳傅良曰：

「太祖垂裕後人，以愛惜民力爲本，熙寧以來，用事者，始取太祖約束，一切紛更。諸路上供歲額，增於祥符一倍。崇寧重修上供格頒天下，率增之十數倍。……秋苗斗斛，十八九歸於綱運，皆不在州縣，州縣無以供，則豪奪於民。於是取　斛面、折變、科數、抑配、贓罰，而民困極矣。」

以資產爲本之兩稅，至宋已不適用，據史載宋田賦之率，雖不甚詳，然每畝征取之數，皆在一斗左右。食貨志謂紹興三年十月，募佃江東閒田，三等定租，上田畝輸米一斗五升，中田一斗，下田七升。張杓傳亦云，奉新縣舊有營田，募民耕之。畝賦米斗五升，錢六十。游仲鴻傳云，關外營田畝僅輸七升。由表面觀之，似較重於唐廣德畝稅二升之制，但楊炎定兩稅日，原合并一切租課。自元稹以後，始漸攤之於田，則毋怪乎宋賦之較重也。

五代亂後，百姓失業，故勞徠開墾之策，爲當時治標要政。凡州縣曠土，許民請佃爲永業，仍蠲三年之租，三年以外，輸租二分之一。於是京畿十四縣，雖民逃達一萬二百八十餘戶，因之歸業者十之八九。開寶末年，全國墾田數爲二百九十五萬三千三百二十頃六十畝，至天禧五年則達五百二十四萬七千五百八十四頃三十二畝，足征徠民墾田效果之宏大。至歲賦之類有五，凡官莊、屯田、營田賦民耕而收其租者曰公田之賦。百姓各得專之者曰民田之賦。宅稅地稅之類曰城郭之賦。牛革蠶桑食鹽隨其所出，變而輸之者曰雜變之賦。計丁率米曰丁口之賦。其輸有常處而以有餘補不足，則移此輸彼，移近輸遠謂之支移，其入有常物，而一時所須，則變而取之，使其値輕重相當謂之折變。其輸之遲速，視收成早暮而寬爲之期，夏有至十月，秋有至明年二月者，所以紓民力也。宋興之初，首務去民疾苦，凡無名苛細之斂，剗革幾盡，雖尺縑斗粟，無所增益。其後吏緣爲姦，米不及十合而收爲升，絹不滿十分而收爲寸。或定稅以錢，而浮收輸納之物；或定額以物而浮收輸納之錢，所謂科折折變者，胥錢物兩用之弊。故哲宗大觀二年詔曰：

「天下租賦，科撥折支，當先富後貧，自近及遠。乃者漕臣失職，有不均之患，民或受害。

其定爲令。」

蓋所謂支移者，乃視地之遠近，遞遷有無，以便邊餉，內郡罕用。間有移用，則任民以所費多寡自擇，故或輸本色於支移之地；或輸脚費於所居之邑。然物有豐匱，價有低昂，估豐賤之物俾民輸送，折價既賤，輸官必多，則公私乏利。而州縣之吏，但計一方之所乏，不計物之有無，責民所無，其患無量。至於支移，徙豐就歉，理則宜然。豪民贓吏，故徙歉以就豐，挾輕貨以賤價，輸官自倍，而下貧之戶，各免支移，估直既高，更益脚費，視富戶反重。旣以絹折錢，又以錢折麥；以絹較錢，錢倍於絹，以錢較麥，麥倍於錢，展轉增加，民無所訴，此所以民愈困於折變支移也。

方田與正經界　方田與正經界爲宋代整理土地之兩大方策，不可不述其沿革以參照當時之糧政。方田之法，前略述及，而不詳其利弊，茲就其實施狀況補志於此。凡田方之角，立土爲峯，植其野之所宜木，以封表之。有方帳，有莊帳，有甲帖，有戶帖。其分烟折產典賣割移，官給契，縣置簿，皆以今所方之田爲正。神宗熙寧五年以濟州鉅野尉王曼爲指教官，先自京東路行之，至元豐八年，帝知官吏奉行，多致騷擾，詔罷方田。時天下之田已方而見於籍者爲二百四十八萬四千三百餘頃。徽宗崇甯三年蔡京言曰：

「自開阡陌，使民得以田私相貿易，富者恃其有餘，厚立價以規利。貧者迫於不足，薄移稅以速售，而天下之賦調不平久矣。神宗講究方田利害，作法而推行之，方爲之帳而步畝高下丈尺不可隱；戶給之帖而升合尺寸無所遺。以賣買則民不能容其巧，以推收則吏不能措其姦。今文籍具在，請復方田之法。」

遂自京西北兩路推行始。宣和元年，臣僚言方量官憚於跋履，並不躬親行纏拍峯，驗定土色，一付之胥吏，至御史臺受訴之案，不下二百餘起。有畝方爲二十畝者；有二頃九十六畝，方爲十七畝者，虔州之瑞金縣是也。有租稅十三錢而增至二貫二百者；有二十七錢增至一貫四百五十者，虔州之會昌縣是也。遂詔罷方田。民因方量流徙者，守令招誘歸業。大觀二年又復詔行方田，五年又罷，蓋外路官吏不遵詔令，輒於舊管稅額之外，增出稅數，號爲蹙剩。其多有一邑之間，及數萬者，乃罷其賦稅，依未方時舊則，而方田之制亦廢。

正經界之說始於紹元二年。工部侍郎李擢曰：

「平江府東南有逃田，湖浸相連，塍岸久廢，歲失四萬三千餘斛，乞詔誘流民疏導耕墾。其不可即工者，蠲其額。又郡民之陷虜者，棄田三萬六千餘頃，皆掌以舊佃戶，諸縣已立定租課，許以二年歸業。圭田瘠薄，民以舊籍爲病，願除其不可耕之田，損其已過多之額。」

十二年，左司員外郎李椿年言經界不正之十害：一、侵耕失稅。二、推割不行。三、衙門及坊場戶虛供抵當。四、鄉司走弄稅名。五、詭名寄產。六、兵火稅籍不失，爭訟日起。七、倚閣不實。八、州縣隱賦多，公私俱困。九、豪猾戶自陳詭籍不實。十、逃田稅偏重，人無肯售。又以平江歲入爲七十萬斛有畸，今按籍雖三十萬斛，然實入纔二十萬斛，詢之士人，皆欺隱之弊，故力主正經界。秦檜程克俊諸重臣亦皆贊同。翌年，遂以椿年爲兩浙運副，專委措置經界，要在均平，爲民除害，更不增稅額。如水鄉秋收後妄稱廢田者，許人告。陂塘塍埂之壞於水者，官借錢以修之。縣令丞之才短者聽易。置圖寫墟畝，選官按覆。令各戶各鄉造砧基簿，示以賞罰。開諭禁防，靡不周盡。吏取錢者論如法。人戶田產不上砧基簿者皆入官。十四年椿年以母憂罷，十七年還任，十九年被劾去職，先後主持經界事者僅五六年，糾正舊弊甚多，惜繼其事者未能力行，致廢全功。紹熙元年，朱熹知漳州請行經界，歷舉其利，民知其不擾而利於己，莫不鼓舞。詔可而未果行，議遂寢。

義倉置廢及利弊　考隋唐置設常平義倉之目的，泰半以維持關中民食及賑濟京畿災亂爲主，江淮以南，不爲注意。宋太祖卽位，以多事之後，義倉廢寢，歲或小歉，失於預備，遂於建隆四年，詔諸州各縣置義倉，以官所收夏秋二稅，石別稅一斗貯之。自是始全國置倉，不以關中及京畿爲限。乾德四年，因諸州義倉，用賑乏絕。重疊輸送，百姓煩勞，罷之。仁宗明道二年，詔議復義倉，未果行。景祐中，集賢校理王祺，請令五等上戶，隨夏秋二稅，二斗別稅一升，水旱減稅則免輸。以一中郡計之，正稅入十萬石，則義倉歲得五千石。州縣擇便地置倉儲貯，領於轉運使。有司議論異同，又不果行。慶歷初，祺復上其議，仁宗納之。命立義倉，詔三等戶以上輸粟，已而復罷。至是宋代義倉置而復廢者，已兩度矣。皇祐五年，右司諫賈黯乞立民社義倉，論當時之弊曰：

「今遇水旱，則流離死亡，捐棄道路。發倉廩賑之則糧不給，課　富人則力不贍，轉輸千里則不及事，移民就粟則遠近交困。賑未發而死者過半矣。」

諸路主事者以旣有常年足以給賑，不宜又勸課蓄積，更立民社義倉，蹈兩重供輸之弊，又不果行。至神宗熙寧十年，詔於開封府界，先自豐稔畿縣，立義倉法，雖一度遍及京東西、淮南、河東、陝西諸路，但元豐八年又幷罷之，至是已三度興廢矣。哲宗紹聖元年，詔除廣南東西路外，並復置義倉。自來歲始，放稅二分以上免輸。所貯專充賑濟，移用者論如法。徽宗宣和五年，令京東、江南、兩浙、荊湖諸路義倉穀，各留三分，餘並起發赴京，而義倉之制朝庭自壞矣。

宋代義倉之興廢無定，既如上述，其主設置者，自有利國利民之旨，然反對者，亦不能謂爲習於暇逸，憚於建設，而自有其積弊害民之處。玆分述當時各方之意見如下

一、義倉未能當社設置之弊。劉行簡奏狀云：

「義倉置於州郡，歲饑散給，山澤僻遠之民，不霑其利；力能赴州就食者，所得不償所勞。……義倉之粟，當於本縣村鄉，多置倉窖。自始入粟以及散給，悉在其間。大縣七八處，小縣三四處，遠近分佈，俾適厥中。若未有倉窖，或寄存大姓之家，以時檢校。遇饑饉時，丞簿尉等分行鄉村，計口給。歷次第支散，旬一周之，則僻遠之民，均受其賜」。

趙汝愚錄曰：

「若勸諭鄉間上戶，廣行出糶，轉行常平義倉之米以賑之，殆成虛文。且轉移米斛，復多欺弊。鄉間之人，終日役役，不能致一錢。幸而得錢，則鄉中富戶無幾，近者數里，遠者一二十里，奔走告糴，則己居後。於是老稚愁嘆，避荒就熟，輕去鄉井。强有力者，寇攘摽竊，無所不至。……將逐州每年合納義倉米斛，除五分依見行條法隨正稅州縣送納外，將五分於逐鄉置廠。每歲輪差上戶兩名，充社司，掌管收納。委本縣丞檢察其欺弊。」

蓋自隋以來，多置倉於州郡，一有凶饑無狀，有司固不以上聞。良有有司敢以聞矣，比及報可委吏，厲出而文移反覆，給散艱阻，監臨猾吏，相與侵沒，其受惠者，大抵近郭力能自達之人，縣邑鄉遂之遠，安能扶攜數百里以就升合之廩？能賑者其弊如此，若逢迎上意，不言水旱，坐視流離，無矜恤之

心，則國家之大禍由此而起。

二、義倉爲官司侵用之弊。夫義倉之穀，旣貯於州郡，人民不能過問，則官司之擅行侵用，自屬難免，孝宗乾道年間，卽有此弊。戶部侍郎楊倓奏曰：

「義倉在法，夏秋正稅，斗輸五合，不及斗者免輸。凡豐熟縣，九升以上，卽輸一升。惟充賑給，不許他用。今諸州縣歲收苗米六百餘萬石，應合收義倉米數不少，而諸州軍皆擅用，請稽之。」

寧宗元慶以後，官司侵用義倉之粟，已成慣例。臣僚多以此諫，言曰：

「州縣交納苗米，於法，義倉米合於當日支撥，而因循於州用，不復撥還。人戶納苗稍及分數，例多新納價錢；其帶義倉錢，並不許撥，此因納苗而失陷義倉也。至如紹興府人戶，就行在省倉送納湖田米，其合納義倉，多不催理，此因湖田納米而失陷也。如淮浙鹽亭戶，納鹽以折二稅，其合納義倉，多是不曾拘催，此因納鹽而失陷也。常平失於兌換，因致陳損，此失倉庾陳腐之弊也。常平專法，主管官替移，無拖欠失陷，方與批書離任。今公然兌借，陽爲自劾，更不補還，此州縣兌移之弊也。常平和糴，合專置倉廒。今州縣多因受納，以收到出剩，撥歸常平倉，贏落價錢，此收糴官吏之弊也。」

理宗嘉興四年，又詔諸路覈所部州縣常平義倉之儲，以備賑濟。當時官吏懼賠補，又轉而取償於民，故景定元年赦詔有云：

「諸路已糶義米價錢，州郡以抵價，抑令上戶補糴。正稅逃閣，義米用虧。常平司責縣道賠納，縣道遂敷納吏、貼保正長、攬戶等人均納。自今視時收糴。見繫吏貼等人賠納之錢，並與除放。」

嘉定十一年，定義倉穀存儲辦法，凡上戶所納，輸之於州，下戶所納，輸之於縣。考其盈虧，以爲殿最。蓋因免里貼收繫賣賠，而有此義倉輸官之法也。當時臣僚曰：

「頃歲議臣有請計義倉所入之數，除負郭縣就輸納外，除令逐縣置數，自行收受。非惟革州縣侵移之弊，抑亦省凶年搬轉之勞。曩時州倉隨苗帶納，同輸一鈔。今正苗輸之州，義倉輸之縣，則輸爲兩輸，鈔爲兩鈔矣。曩時鼠雀之耗蠹，吏卒之需求，一切倚辦於正稅，而義倉不預焉。今付之於縣，旣無正稅，獨有此色，耗蠹需求，又不能免矣。於是議臣有請令人戶義倉，仍舊隨從便就州作一鈔輸納，而州縣復有侵移之弊。臣聞紹興初，臺臣嘗請通計一縣之縣，截留下戶苗米於本縣納，開禧初，議臣之請亦如之。蓋截留下戶之稅米，以補一縣之義倉，其餘上戶則隨正稅而輸之州，州得以補償其截留下戶之數，州不以爲怨。縣得此米別項儲之，以備賑濟，使窮民不致於艱食，則縣不以爲撓。一舉而三利得，此上策也。惟自負郭之義倉，則就州輸送，自如舊制。致於屬縣之義倉，則令丞同主之。每歲歲終，令丞合諸鄉所入之數，上之守貳；守貳合諸縣所入之數，上之提舉常平；提舉常平合一道之數，上之朝庭。令丞替移，必批印紙，考其盈虧，以議殿最。」

上，從之。蓋理宗之世，義倉困民最苦。官吏巧立名目，征斂無厭，又有所謂「外義」之征。景定年，監察御吏程元岳奏曰：

「今之所謂『外義』者，絹紬豆也。豈有絹紬豆而可加之義乎？……州縣一意推剝，一切理苗而加一分之義。甚者赦恩已蠲二稅，義米依舊追索。貧民下戶，所欠不過升合，星火追呼，費用不知幾百倍。破家蕩產，鬻妻賣子，怨嗟之聲，有不忍聞。」

按義倉之設，自民而入，自民而出。名之以義，則寓至公之用；置之於社，則有自便之利。苟社倉轉而縣倉，民始不與，已爲官吏[illegible]移用；縣倉轉而郡倉，民益相遠，更爲軍國之資費。故宋自中興以來，雖有義倉之美名，並無實惠。民實出粟，而官吏斂之，鑼頭斛面，盜取浮收，雖景定時有減時價糶常平義倉米二百餘萬石之詔，終不能拯人民於水火。

常平惠民廣惠折中諸倉之設置　宋之設常平倉，始於第一次義倉興而復廢之後。淳化三年，京畿大稔，分遣使臣於四城門置場增價以糴，較近倉貯之。眞宗景德三年，始於京東西、河北、河東、陝西、江南、淮南、兩浙，皆立常平倉。特設司農寺以主其事，法制亦較前代爲詳。計州郡戶口多寡，量留上供錢自二三千貫至一二萬貫爲糴本。夏秋視市價量增三五文以糴，糶則減價亦如之，惟所減不得過本錢。其地方有萬戶者，歲糴萬石以貯，戶雖多，以五萬石爲限。如三年以上不糶，即回充糧廩，易以新粟。地方管理之責，由轉運使擇請幹官主之，中央則由司農寺主之。所儲之糧，三司不得移用。天禧四年，又於荊湖、川陝、廣南諸地置倉。翌年，諸路總糴數十八萬三千餘斛。仁宗景祐初，常平錢粟，改由諸路轉運使與州長吏擧所部官掌之。其後遂有州郡移用之事，乃詔止之。不數年而常平之積有餘，而兵食不足。命司農寺出常平錢百萬緡，助三司給軍費。久之，移用數多而蓄藏無幾。神宗熙寧二年，以常平斂散，未得其宜，改行青苗法。哲宗元祐元年，翌詔提擧官，以累年積蓄錢穀財物，盡作常平倉錢物，委提點刑獄交割主管，依舊行常平倉法。當時司馬光主復常平頗力，其言曰：

「向者有因州縣闕常糴本錢，雖遇豐歲，無錢收糴。又有官吏怠慢，厭糴糶之煩，雖遇豐年，不肯收糴。又有官吏不能察知在市斛斗實價，只信憑行人與蓄積之家通同作弊。當收成之時，農人要錢急糶之事，故意小估價例，令官中收糴不得，盡入蓄積之家，直至過時，蓄積之家倉廩盈滿，方始添價，中糴入官。是以農夫糶穀，只得賤價；官中糴穀，常用貴價，厚利皆歸蓄積之家。又有官吏雖欲趁時收糴，而縣申州，州申提點刑獄，提點刑獄申司農寺，取候指揮，比至回報，動涉累月，已差失時，穀價倍貴。是致州縣常平倉斛斗有經隔多年，在市價例，終不及元糴之價，出糶不行，堆積腐爛者，此乃法因人壞，非法之不善也。」

常平行之未久，又再立常平穀錢給斂出息辦法，限二月或正月以散，及一半為額，民間絲麥豐熟，隨夏稅納所輸之半，願并納者止出息一分。高宗紹興二年，仍復常平倉，講補助之政，以廣儲蓄。九年，以常平錢於民輸賦未畢之時，悉數和糴。其後亦有請留和糴以續常平，然皆所蓄有限，慶元以後，流弊更多。

周世宗顯德時，曾以雜配錢（即正稅外之雜稅收入）分數折粟貯之，歲歉減價出以惠民，曰惠民倉。宋存其法，故太宗淳化五年，令天下置惠民倉，如穀稍貴，即減價糶與貧民，不過一斛。真宗咸平二年，詔諸路申淳化惠民之制，而常平惠民倉殆遍天下矣。仁宗嘉祐二年，詔天下置廣惠倉。初，凡沒入絕戶田，官自鬻之。樞密使韓琦請留勿鬻，募人耕，故其租而別貯之倉，以給州縣郭內之老幼貧疾不能自存者。領以提點刑獄，歲終，具出納之數，上之三司。戶不滿萬，留田租千石，萬戶倍之，戶二萬，留三千石。三萬留四千，四萬留五千，五萬留六千，以此類推，及十萬仍留萬石，有餘則鬻如舊。四年，改隸司農寺，州選官二人主出納，歲十月遣官驗視，應受米者書名於籍。自十一月始，三日一給，人米一升，幼者半之，次年二月止。有餘乃及諸縣，量大小均給之。淳熙四年，青苗法行，詔賣廣惠倉田。哲宗雖詔復廣惠倉，但章惇用事又罷之，賣其田如熙寧法。

折中倉之制，始於太宗端拱二年。初，許商人輸粟，優其價，令執劵抵江淮給其茶鹽，每一百萬石爲一界。眞宗以後，西北用兵，糧儲更缺，以大量茶鹽貨物，召商人入中。而姦商黠賈，遂至低價估貨，高價入粟。國家急仰軍儲，又法令寖寬，不能杜其弊。後雖糴之於民，以免商賈操縱之病，但計其家產而均敷，量其蓄積而括索，甚至或不償直而強敷其數，入中之制益壞。

青苗法之利弊　王安石相神宗，講求新政，欲行青苗法。蘇轍以爲不可，諫曰：

「以錢貸民，使出息二分，本非爲利，然出納之際，吏緣爲奸，法不能禁。錢入民手，雖良民不免非理費用。及其納錢，雖富民不免違限。如此則鞭箠必用，州縣多事矣。」

時河北轉運司王廣廉，嘗奏乞度僧牒數千道爲本錢，私行青苗法於陝西，頗收宏效，與安石原意不謀而合，主行青苗法於全國，奏曰：

「諸路常平廣惠倉錢穀，略計貫石可及一千五百萬以上。斂散未得其宜，故爲利未博。今欲以現在斛斗，遇貴量減市價糶，遇賤量增市價糴，可通融轉運司苗稅（時徵米曰苗稅）及錢斛就便轉易者，亦許兌換，仍以見錢依陝西青苗錢例，願預借者給之。隨稅輸納斛斗，半爲夏料，半為秋料。內有請本色，或納時價及錢者，皆許從便。如遇災傷，許展至次料豐熟日納，非惟足以待凶荒之患，民既受貸，則轉運之家，不得乘新陳不接以邀倍息。又常平廣惠之物，收藏積滯，必待年凶物貴，然後出糶，所及不過城市游手之人。今通一路有無，貴發賤斂，以廣蓄積，平物價，使農人有以赴事，而兼并不得乘其急。凡此皆以為民，而公家無所利其入。是以先王散惠與利以為耕斂補助之意也。欲量諸路錢穀多寡，分遣官提舉，每州選通判幕職官一員，典幹轉移出納。仍先自河北、京東、淮南三路施行，俟有緒，推之諸路。其廣惠倉除量留給老疾貧窮人外，餘並　常平倉轉移法。」

詔可。於是青苗法遍及全國，而常年廣惠之儲空矣。

按青苗法初意，係將糴本轉貸於農民，以杜兼并。春貸十千，隨夏稅繳還。秋貸十千，年終還繳。每期各納息錢二千。是錢十千，年納息四千也。鄉戶自一等而下，皆立借錢貫陌。三等以上，更許增倍。坊郭戶有物業勝質當者，亦依鄉戶例支借。富民不願取貸，貧者乃欲得之，遂令隨戶等高下品配。又令富貧相兼十人為保，富人為之魁。一等給十五貫，二等十貫，三等五貫，四等一貫五百，五等一貫，民喧然以為不便。青苗錢既不論富戶及坊郭業戶，均須貸借，致令兼并之家益得兼并。以上戶為之甲頭，而有同保均賠之患。下等與無業客戶，借後必難催納，而有行刑督索之害。正月放夏料，五月放秋料，當即收取息錢，終身世世，一歲嘗兩輸息錢。各郡又為之規定貸額，故有抑配之弊。是以反對實行者甚多，韓琦曰：

「鄉村三等以上及坊郭有物業抵當者，乃從來兼并之家也。今皆多得借錢，每借一千，令納千三百，則是官放息錢，與初濟困乏之意，絕相違戾，欲民信服，不可得也。且愚民一時請借甚易，納則甚難。故自制下以來，官吏惶惑，皆謂若不抑散，上戶必不願請，下戶與無業戶，或願請而將來必難催納。若謂陝西嘗放青苗錢，官有所得而民以爲便者，此乃轉運司因軍儲有闕，適自冬涉春，雨雪及時，麥苗滋盛，決見成熟，行於一時可也。今乃差官置司以爲每歲當行之法，而取利三分，豈陝西權宜之比哉？」

司馬光曰：

「……民之富者皆不願取，而貧者乃欲得之，提舉官欲以多散爲功，故不問貧富，各隨戶等抑配與之。富者與債仍多，貧者與債差少，多者至十五緡，少者不減十錢。州縣官吏恐以逋欠爲貧，必令貧富相兼共爲保甲，仍以富者爲之魁首。貧者隨手得錢皆盡，將來粟麥小有不登，二稅且不能輸，況於息錢？吏督之急，則散之四方，富者不去，則獨償數家所負。力竭不逮，則官必爲之倚閣。春債未了，秋債又來，歷年浸深，債負益重。或值凶年則流轉死亡。幸而豐稔，則州縣之吏，并催積年所負之債，是使百姓無有豐凶，長無蘇息之期也。」

歐陽修曰：

「四野蠢然，安知周官泉府爲何物？但見官中放債，每錢一百文要二十文利耳。臣愚以爲必若天下曉然知非爲利，則乞除去二分息，但納本錢。」

時知山陰縣陳舜俞不肯奉行，移狀自劾曰：

「正月放夏料，五月放秋料，而所斂亦在當月，百姓得錢便出息，輸納實無所利。」

熙寧七年，帝以久旱爲憂，疑新法不便，遂詔天下常平錢穀，留常一半外，方得給散。凡兩經倚閣常平錢人戶，不得支借。民間非時闕乏，許以物產爲抵，依常平限輸納。當輸而願輸穀及金帛者，官立中價示民。物不盡其錢，足以錢；錢不盡其物者，還其餘直。元祐元年，復舊常平倉法，罷名縣專置主簿，旋又從范純仁之請，復散青苗錢，限二月或正月以散及一半爲額。民間絲麥豐熟，隨夏稅先納所輸之半，願并納者止出息一分。於是羣臣交章諫復行青苗法之非，皆不報。

按條例司所請隨租納斛斗，如以價貴願納錢者聽，是未嘗專欲斂錢也。又曰凡以爲民，公家無所利其入，是未嘗取息也。又曰願給者聽，是未嘗行抑配也。而青苗之爲民害者，則曰征錢取息與抑配，蓋實行之際，未依所請之法耳。故朱熹論之曰：

「青苗立法之本意，未嘗爲不善，但其給之也以金而不以穀；其處之也以縣而不以鄉；其職之也以官吏而不以鄉人士君子；其行之也以聚斂亟疾之意，而不以慘怛忠利之心。是以王氏能行於一邑，而不能行於天下也。」

社倉之組織與推行　社倉卽本隋長孫平所建義倉之意，其後改變辦法，移設州郡，官吏管理，並按畝隨賦納繳社本，漸失當社置倉，及由鄉民士君子經營之原義。訖宋孝宗時，趙汝愚劉行簡等鑒於官辦義倉之擾民，屢請恢復社倉，皆不果行。至乾道四年，朱熹之故居崇安縣開耀鄉饑。向建寧府借常平米六百石，設置社倉。由熹與本鄉土居朝奉郎劉如愚，共任賑濟，夏受粟於倉，冬則加二計息以償，自後逐年斂散，或遇小歉，卽蠲其息之半，大饑卽盡蠲之。歷十四年，支息米造成倉廒三間收貯，將元數六百石還府，見管米三千一百石以爲社倉，不復收息，每石只收耗米三升。故一鄉四十五里之間，雖遇凶荒，人不闕食。熹遂請依義役體例，行下諸路州軍。曉諭人戶，有願依此置立社倉者，州縣量支常平米斛，責與本鄉人戶主執斂散，每石收息二斗，仍差本鄉土居或寄居官員士人有行義者與本縣官同共出納。收到息米十倍本米之數，即送原米還官，將息米斂散，每石只收耗米三升。其有富家願出米作本者，亦從其便。息米及數，亦與撥還。如有鄉土風俗不同者，更許隨宜立約，申官遵守，實爲久遠之利。其不願立倉處，官司不得抑勒，則亦不至騷擾。孝宗從其言，詔諸路倣行其法，而任從民便。

社倉之組織極爲嚴密，茲錄其重要規則如次：

一、凡借貸者十家爲甲，甲推其人爲之首。五十甲則本倉自擇一公平曉事者爲社首。

一、逐年十二月，分委諸部社首保正副，將舊保簿重行編排。其間有停藏逃軍及作過無行止之人隱匿在內，仰社首覺察，申報尉司追捉解縣根究。其引致之家，亦一例斷罪。次年三月內，將所排保簿，赴鄉官交納。鄉官點檢，如有漏落及妄有增添一戶一口不實者，即許人告，審實申縣，嚴行根治。如無欺弊，即將其簿，較算人口，指定米數，大人若干，小兒減半。候至貸日，將人戶請米狀拖對批塡，監官依狀支散。

一、逐年五月下旬，新陳未接之際，於四月上旬申府，依例給貸。仍選差本縣清强官一員，人吏一名，斗子一名前來，與鄉官同共支貸。

一、申府差官訖，一面出榜排定日期，分都支散。（先遠後近，一日一都。）曉示人戶。（產錢六百文以上，及自有營運衣食不闕者，不得請貸。）各依日限具狀結保。正身赴倉請米，仍由社首保正副隊長等赴倉認識面目，照對保簿。如無僞冒重疊，卽與簽押保明。其日，監官同鄉官入倉，據狀依次支散。其保明不實別有情弊者，許人告首，隨事施行。其餘卽不得妄有邀阻。如人戶不願請貸，亦不得妄有折勒。

一、收支米仍用淳熙七年所製之新漆黑官桶及官斗，由斗子依公平量。其監官鄉官人從，逐廳只許兩人入中門，其餘並在門外，不得近前挨拶攙奪。人戶所請米斛，如違，許被擾人當廳告覆，重作施行。

一、豐年如遇人戶請貸官米，卽開兩倉，存留一倉，若遇饑歉，則開第三倉，專賑貸深山窮谷耕田之民，庶幾荒豐賑貸有節。

一、人戶所貸官米，至冬納還。（不過十一月下旬）先於十月上旬定日申府，依例差官，將帶吏斗前來，公共受納，兩平交量。舊例，每石收耗米二斗，今更不收耗米，又慮廢米折閱，無所從出，每石量收三升，準備折閱及支吏斗等人飯米。其米正行附歷收支。

一、申府差官訖，卽一面出榜排定日期，分都交納。（先近後遠，一日一都。）由社首隊長報告保頭，保頭報告人戶，遞相糾率，造一色乾硬糙米，具狀赴倉交納。（同保共爲一狀，未足，不得交納。如保內有人逃亡，卽同保均備納足。）監官鄉官吏斗等人，至日赴倉受納，不得妄有阻節，及過數多取其餘，並依給米，約束施行。（其收米人吏斗子，要知首尾，次年夏支貸日，不可差換。）

一、收支米訖，逐日轉上本縣所給印歷，事畢　，具總數申府縣照會。

一、每遇支散交納日，本縣差到人吏一名，斟子一名，社倉算交司一名，倉子兩名。每名日支飯米一日（約爲時半月）發遣裹足米二石，共計米十七石五斗。又貼書貼斗各一石，亦各支飯米日斟（約半月）發遣裹足米六斗，共計四石二斗。縣官人從七名，鄉官人從十名，每名日支飯米五升（十日）共計米八石五斗。以上共計米三十石二斗。一年收支兩次，共用米六十石四斗。逐年蓋[illegible]，並買藁薦，修補倉廒，約米九石，通計米六十九石四斗。

一、社倉支貸，交收米斛，合係社首保正副告報隊長保長，隊長保長告報人戶。如闕隊長，許人戶就社倉陳說，告報社首，依公差補。如闕社首，即申尉司定差。

一、簿書鎖鑰，鄉官公共分掌。其大項收支，須監官簽押。其餘零碎出納，即委鄉官公共掌管。務要均平，不得徇私容情，別生奸弊。

一、如遇豐年，人戶不願請貸，至七八月而產戶願請者聽。

一、倉內屋宇什物，由守倉人常切照管，不得毀壞及借出他用。如有損失，鄉官點檢，勒守倉人賠償。如些小壞，逐時修整。大段改造，臨時具因依申府乞撥米斛。

社倉之基本原則，爲人民之自動組織，既不受官方之抑配，又不許爲官方移作他用。而行之稍久，法制敗壞，或主者倚公以行私；或官司移用而無給；或拘納息米而未嘗免除；甚者催索無異正稅，良法美意，胥此失焉。理宗淳祐三年，詔申嚴郡縣社倉科配之禁。其後社倉之弊更多，司事者僅貸有田之家，而力田之農反不得沾其實惠。又廣德軍官置社倉，民困於納息，再以息作本，民窮至自經。時人以爲朱熹之法，多不敢議，獨黃震直言指其弊曰：

「朱子之法，社倉歸於民，而官不與。官雖不與，而有納息之患，是亦困民也。」乃別買田六百畝，以其租代社倉息。非凶年不貸，而貸者不取息。

和糴政策之弊　和糴之始，前章已詳言之，宋循未改。太祖建隆初，以河北連歲大稔，命使置場，增價市糴以實邊，此後習以爲常。雖隨當時當地之實情，在方法上稍有差異，但其目的總不外因糧儲缺乏，斂集民倉以充邊備軍糈耳。河東和糴，隨常賦輸送，其直多折色。江淮湖浙諸州，則置場和糴。京東西、陝西、河北闕兵食時，州縣括民家所積糧市之，謂之推置。取上戶版籍，酌所輸租而均糴之。如戶當輸稅百石者，又科百石，謂之對糴。神宗熙寧以後，糴法更繁，茲舉其要者於次：

坐倉　以諸軍儲糧願糶入官者，計價支錢，復儲其米於倉。熙寧二年以來，行之最廣。大都因小郡缺米，而庫有餘錢，乃反就軍人糴米，以給次月之糧。元符以後，有低價折勒之弊，禁止之。

博糴　熙寧七年，以河北常平及省倉歲用餘糧減直，聽民以絲綿絹綾增直博買。此爲以餘粟博買絲綿之屬。崇寧五年，陝西錢重物輕，以銀絹絲紬之類，博糴斛斗，以平物價。此爲以絲綿之屬博買粟穀，與熙寧七年之法相反。

結糴　熙寧八年，劉佐體量川茶，因便結糴熙河路軍儲，得七萬餘石。大都爲散官或浮浪之人締結糴量，故有經年方輸及負欠之弊。崇寧初蔡京行於陝西，盡括民財以充數。五年乃罷。

寄糴　商人入中，歲小不登，必邀厚價，遂將邊郡所糴之米，散存於內郡，以權輕重。

俵糴　度量民田收入多寡，預給錢物，於秋成後入粟邊郡。

兌糴　崇寧元祐間嘗以麥熟，下令州郡及時廣糴，後價若與本相當，即許變轉兌糴。

均糴　括索藏糧之家，量存其用，盡糴入官。

括糴　政和元年，童貫行均糴於陝西。係以所糴之數，就人戶家業田土頃畝均敷之。上等戶均敷數多，下等數少。先令入斛米，後給其直。因此有已糴而不償其直者，亦有坊郭之人素無斛斗而須外糴者；亦有不度州縣之力，敷數過多，致一戶而糴數百石者。

南渡以後，和糴之法仍存，官吏爲奸，弊端百出。綜當時臣僚所奏者，可得下列各弊端之要點：一、不問人戶之有無，概以稅錢均敷。二、州縣各以水脚耗折爲名，格外收米什之二三。三、公吏斛脚，百方乞覓，量米有餘用，請錢有靡費。四、法令上許以關（引當時幣制），但償價輸官，官多拒不收。五、和糴抛降有定數，而州縣額外倍科。降糴本於州縣，而州縣什不支一二。六、州縣受納苗米，本禁多收加耗，但仍溢收。以浮收者爲和糴之米，而官收所得之錢。七、和糴米價，例依秋成米價低賤時申報，及至輸米，價格已貴，官司以事干朝庭，不再奏增。人民受錢於米賤之初，而輸米於價增之後，受累頗大。八、收糴之際，官吏互遣人四處收買，以相傾奪。於是米價上漲，害及民食。九、各州縣和糴米量，有不待朝庭抛降，預行多敷。及臨期富室大家以賂得免，中產下戶，實受均敷之害。基於上述各點之原因，故民與官爲市，視爲畏途，畏官而復虐於官，寧閉戶以失利，毋價困以買害，市之價增而官之價減矣。　且市無斛面，又無他費，粟出即可得錢，而官則監臨者多，誅求無厭，又無現錢，縱得之，又有錢陌不足之弊。是和糴之行，荒歉未得其利，而豐年已受其擾矣。

災荒救濟與糧政　宋之爲政，本於仁厚，故賑恤之意，視前代尤爲切至。宋史所載，極爲詳盡。

遇歲不登，則發常平惠民諸倉之粟，或平價以糶；或貸以種食；有不足者，則遣使馳傳發省倉；或轉漕粟於他路；或募富民出錢粟而酬以官爵。又不足，則出內藏奉宸庫金帛以濟．其租賦未入，入未備者，或縱不取，或寡取之，或倚閣以待豐年。寬逋負，休力役。薄關市之征，除車舟之算，凡利有與民共者不禁。

其主要之基本救災政策，已詳前節所述之常平惠民廣惠及義倉社倉諸制，而本節所論，則爲消極之臨時救濟，因其略關糧政，故附以當時對於此項政策得失之評論焉。

宋代之臨時救濟辦法，以施粥爲主要措施，史籍所載，總計不下四百餘次。究其施粥之策，是否合理，當時臣僚論者頗多，茲擇其要者錄於次：眞宗五年，兩浙提刑鍾離瑾奏以百姓闕食，官設糜粥，民競赴之，有妨農事；遂代以米。旋又改爲設粥廠以濟民食，富弼曰：

「前此救災者，皆聚民城郭中，煮粥食之，饑民聚爲疾疫及相蹈籍死，或待次數日不得食，得粥皆僵仆，名爲救人而實殺之。」

慶曆時，河北水災，隳城郭，壞廬舍，百姓暴露乏食，有司發倉廩與之粟，壯者人日二升，幼者半之。曾鞏評之曰：

「百姓患於暴露，非錢不可立屋廬。患於乏食，非粟不可以飽。今發倉廩之粟，使其日待二升，勢必不暇乎他，爲是農不得復修其畎畝，商不得治其貨賄，工不復得利其器用，閑民不復得轉移執事，一切廢棄，而專意於待升合之食，以偸爲性命之計，是直以餓殍之義養之，非深思慮遠爲百姓長計也。以中戶計之，戶爲十人，壯者六人，月當受粟三石六斗，幼者四人，月當一石二斗，率一戶月當受，粟五石，自今至於來歲麥熟凡十月，一戶當粟五十石。今被災十餘州，州以二十萬戶計，中以上及非災害所被，不仰給官食者去其半，則其餘仰食縣官者十萬戶，當爲五百萬石。則何以辦此？且給授之際，有淹速，有均否，有眞僞，有集會之擾，有察辨之煩，措置一差，皆足致弊。若賜之以錢五十萬貫，貸以粟一百萬石，使其得錢以完其居，得粟以給其食，則兩利備矣。」

東萊呂氏論荒政曰：

「……移民易粟，孟子指爲苟且之政，秦漢以下則爲善政。漢武詔令水潦移於江南方，下巴蜀之粟致之江陵。唐西都，至歲不登，則幸東都，高祖至於明皇，不特移民就粟，而高宗更有逐糧天子之稱。……至於移民就粟，不過以餓殍之養養之而已，若設糜粥，其策又下矣。先王有預備之政，上也；使李悝平糴之法，次也；所在蓄積有可均之處，使之流通移民移粟，又次也；咸無焉，設糜粥爲最下也。」

其更有不減穀價而達救荒之旨者，亦爲糧政之特殊措施，雖不足以爲常法，但可供策略之參攷。熙寧中，兩浙旱蝗，米價踴貴，餓死者十五六，諸州皆榜衢禁人增米價。時趙清獻公抃知越州，獨榜衢路，令有米者增價以糶，於是諸州之米商輻輳詣越，米價因來源湧至而更賤，民無餓死者。

第六章　遼金元之糧政

田制略述　遼沿契丹遺俗，尙未脫游牧生活之習慣，太祖以後，始定田制。沿邊各置屯田易田積穀以給軍糧，在官斛粟不得擅貸；在屯者力耕公田，不輸稅賦，此公田之制也。餘民應募，或治閑田田，或治私田，則計畝出粟，以賦公上，此在官閑田制也。又許太行山前後及密靈燕樂等縣占田置業入稅，此私田制也。至於各部大臣隨從征伐者，俘掠人戶，自置郛郭爲頭下軍州，凡市井之賦，皆歸軍州，惟酒稅赴納上京，此又極類似春秋采地之制也。

金與南宋相先後，滅遼侵宋，入主中原，惟以異族當政，慮不見服於漢人，故徙女直、奚、契丹人分屯中州，因待遇之差異而田制之實施，亦略有別。率領金人入徙者，千夫之長曰猛安，百夫之長曰謀克，總其名曰猛安謀克戶。所輸之稅曰牛具稅，以每穀牛三頭爲一具，限民二十五口，受田四頃四畝有奇，歲輸粟不過一石。官民占田，無過四十具。其所受官田之來源，或爲荒閑牧地，或爲逃戶絕戶之田，世宗時更有指民田爲官地，任意拘括之舉。除受田猛安謀克戶以外，亦許民請墾荒地，以最下第五等減半定租，八年始征之。作己業者，以第七等減半爲租，七年始征之。自首冒比鄰地者，輸官租三分之二。佃黃河退灘者，次年納租。旋因小民不爲久計，至納租之時，多巧爲避匿，或復告退，遂改爲請佃者免三年，作己業者免一年，自首冒佃幷請灘地者，令當年輸租，以爲永制。

漢人與猛安謀克戶既因待遇不同，故日常生活亦懸殊特甚。猛安謀克戶驕縱萬分，不堪任畎畝之勞，且以酗飲游蕩爲務。世宗嘗謂宰臣曰：

「猛安謀克之民，驕縱不親稼穡，不令家人農作，盡令漢人佃蒔取租而已。富家盡服紈綺，酒食遊宴，貧者爭慕效之，欲望家給人足難矣。近已禁買奴婢，約其吉凶之禮。委官閱實戶數計口授地，必令自耕。力不贍者，方許佃於人。」

當時官斂既暴，而軍戶又恃勢欺侵，漢人所受壓迫，日甚一日，故金之衰亂，人民爭屠猛安謀克戶以洩憤。

金初大定四年，世宗以師旅之餘，民之貧富變更，賦役不均，乃遣信臣泰寧軍節度使張弘信等，分路通檢天下物力而差定之，以革前弊，俾元元無不均之嘆。凡監戶事產除官所撥賜之外，百姓有稅田宅，皆在通檢之列。諸使以苛酷多得物力爲功，殘暴妄加民產業數倍，民有來申訴者，則血肉淋漓，甚者即殞杖下。五年有司奏諸路通檢不均，詔以戶口多寡，及富貴輕重適中定之，仍不平。乃定通檢地土等第稅法，令集耆老，推貧富，驗土地牛具奴婢之數，分爲上中下三等，十年一推。至宣宗時，臣僚有欲行歲閱民田征租之議，參知政事高汝礪力爭不可，其言曰：

「每歲檢括，則夏田春量，秋田夏量，中間雜種，亦且隨時量之，一歲之中略無休息。民將厭避，耕種失時，或止耕膏腴而棄其餘，則所收仍舊，而所輸益少，一不可也。檢括之時，縣官不能家至戶到，里胥得以暗通貨賂，上下其手，虛爲文具，轉失其眞，二不可也。民田與軍田犬牙相錯，彼或陰結軍人，以相冒亂，而朝庭止憑有司之籍，倘或臨時少於元額，則資儲闕誤必三不可也。」

議遂寢，仍十年一推，凡各鄉之衆寡，六畜車輦辨物行證之制詳矣。

區田之法，見於稽康養生論，歷代未有用者，金明昌時曾試行之。徐光啓農政全書曰：

「舊說區田地一畝闊十五步，每步五尺，計七十五尺。每行占地一尺五寸，該分五十行。長十六步，計八十尺，該分五十三行。長闊相接通二千六百五十區，空一行，種一行；又於所種行內，隔一區種一區。除隔空外可種六百六十二區，每區深一尺，用熟糞一升，與區土相和布穀均覆，以手按實，令土種相著，苗出看稀稠存留鋤，不厭煩。旱則澆灌，結子時，鋤土深壅其根以防大風搖擺。古人依此布種，每區收穀一斗，每畝可收六十石。今人學種可減半計，雖山陵傾阪及田邱城上皆可爲之。」

明昌三年，宰執論行區田法，帝恐農民不達有廢田功，先試種於城南之地，委官監察略見收成之利，遂推行較廣，驗人丁地土多少定數，令農田百畝以上，如瀕河易得水之地，須區種三十餘畝，無水之地，則從民便。男年十五以上六十以下有土田者，丁種一畝，丁多者五畝止。行之不及二年，尚書省奏區田之法，本欲利民，或天旱始用之，倉卒施功，未必有益，且五地方肥瘠不同，使皆可以區種，農民見利自當勉以致之，不然督責雖嚴，亦徒勞耳。後令所在長官及按察司隨宜勸諭，亦竟不能行。

元興漠北，沿蒙古不待蠶而衣不待耕而食之習，土地觀念甚爲薄弱，後因疆域遼闊，用兵範圍日廣，爲適應事實上之需要，故屯田之制，較前代爲詳。兵誌云：

「國初用兵征討，遇堅城大敵，則必屯田以守之。內而各衞，外而行省，皆立屯田，以資軍餉。故天下無不可屯之兵，無不可耕之田。」

屯田之轄於樞密院、大司農、中書省者，幾遍及全國。此外外官尚有職田，武宗至大二年，改外官職田爲給祿米俸鈔，拘其田以入官。初以官田分賜臣下，紀傳所載甚多，（如至元十八年賜鄭溫常州田三十頃，二十一年賜相威近郊田二千畝，二十二年賜李昶徐與隆田各十頃，賜安南國王陳益稷田五百頃，至順元年賜魯國大長公主平江稻田一千五百頃，至正九年賜公主不答昔儞田五百頃等，共計達十萬六千四百八十頃八萬三千畝。）大德十一年，令諸賜田悉還官。元又有學田及貢士莊田，以供祭祀及師生廩食，其法旋廢。至其所謂官田，仍以續沒田，回買民田充之，皆依私租例入民佃種，殊爲民害，甚者實無其田而民出公田之租。

整理田制之法，略異於宋之方田。先期揭榜示民限四十日以其家所有田自實於官，凡以熟爲荒，以田爲蕩，或隱佔逃亡之產，盜官田爲民田，指民田爲官田，及僧道以田作弊者，並許人首告。十畝以下，其田主及管幹佃戶皆杖七十七；二十畝以下加一等，一百畝以下一百七十畝以上，流竄北邊，所隱田沒官。郡縣正官不爲查勘，致有脫漏者，量事論罪，重者除名。自實之法，極似土地陳報，但行之不當，反貽民害。當時遣官經理不得其人，竟有括田增稅，迫民夷墓揚骨以增頃畝。雖一面括民之田，一面令賞賜之田還官，但賜於寺觀者仍多。

田賦概述　考遼史修於元代，距遼亡有年，故食貨之誌不甚詳。從片斷記載中，稽其出賦方式，頗類古制。前節所述之在官閑田及私田，皆計畝而賦，有似於古之貢法。除計畝出粟而外，亦有借力代耕之舉。食貨誌云：「在屯者力耕公田，不輸稅賦。」此又有當於古之助法矣。惟豪富之規避田賦，有甚於宋，雖定法貴族大王坐賦調不均者，以木劍撻背而釋之，然終遼之世，未革其弊。故金史太宗紀載天會三年詔曰：「昔遼人分士庶之族，賦役皆有等差，其悉均之。」遼之季世，田賦則用錢額，民輸稅，斗粟折五錢。金人侵略，國帑日虛，遂重斂於民，致有通祺雙遼四州之民八百餘家，詣咸州降金之變。

遼亡金繼，介於南宋北宋之間，其文物制度，較遼爲備。有官田輸租，私田輸稅之制。租之制不傳，稅制大率分田之等爲九而差次。夏稅三合，秋稅畝取五升；又納秸一束，束十有五斤。夏稅六月止八月，秋稅十月止十二月。爲初中末三限，三百里外，紓其期一月。又考大定二年，魏子平答世宗之問曰：

「古者什一取其公田之入，今無公田，而稅其私田。爲法不同。古有一易再易之田，中田一年荒而不種，下田二年荒而不種，今乃一切與上田均稅之，此民所以困也。」

此則稅無科則也。又金史載新蔡等縣賦民，以牛之多寡爲差，民多匿而不耕，是又未嘗以畝定稅也。此外更有浮收抑配之弊，臣僚劉炳者，上便宜十事，有曰：

「今衆庶已敝，官吏庸暗，貪暴昏亂，與姦爲市。公有斗粟之賦，私有萬錢之求。遠近囂囂，無所控告。百姓多逃而逋賦皆折配見戶。」

是金之稅率未依定制，亦極混亂。

元之取民，大抵以唐爲法。其取於內郡者曰丁稅，曰地稅，仿唐之租庸調也。取於江南者曰秋稅，曰夏稅，仿唐之兩稅制也。丁稅地稅之法，自太宗始行之。初，每戶科粟二石，後以兵食不足，增爲四石。至太宗八年，乃定征科之法。令諸路驗民戶成丁之數，每丁歲科粟一石，驅丁五升。新戶驅丁各半之。老幼不與。其間有耕者，或驗其牛具之數，或驗其土地之等而征。凡丁少而地稅多者，納地稅；地稅少而丁稅多者，納丁稅。元初算賦之制，中原以戶，西域以丁，蒙古以馬牛羊。至元十七年，戶部定例令科戶丁稅每丁粟三石，驅丁粟一石。地稅每畝粟三升。減半科戶丁稅每丁粟一石。新收交參戶，第一年五斗，第二年一石，第三年一石二斗五升，第四年一石五斗，第五年一石七斗五升，第六年入丁稅協濟戶每丁粟一石，地稅每畝粟三升。隨路近倉輸粟。富戶輸遠倉，下戶輸近倉。每石帶鼠耗三升，分例四升。初世祖代宋時，除江東浙西外，其餘皆征稅。至元十九年，用姚元之請，命江南稅糧，依宋舊例，折輸綿絹雜物。旋又用耿左丞言，令輸米三之一，餘並入鈔以折。

田賦包征之制，金試行之，至元而大盛。耶律楚材傳曰：

「自庚寅定貨稅格，至甲午定河南，歲有增羨。戊戌，課銀增至百一十萬兩。譯史安天合者，諂事鎮海，首引奧都剌合，撲買課稅，又增至二百二十萬兩。楚材極力辨諫，聲色俱厲。帝曰：爾欲為百姓哭耶？姑令試行之。楚材力不能止，乃嘆息曰：民之困窮，自此始矣。」

撲買者即包征之制，責田賦於一人，開前代之創例。

元制尚有異於前代者，則為賦稅用銀。蓋前乎元者，如漢之畝稅十錢，唐之畝稅三升。楊炎兩稅以錢為額，而亦用實物折納；宋亦錢物兩用，而元則初議戶賦銀六兩，朝臣以為不可，諫曰：「五方土產各異，隨其產為賦，則民便而易定，必責輸銀，雖破民之產，有不能辦者。」乃蠲戶額三之一，此賦稅用銀之初見也。故顧炎武論之曰：「古之為賦者，菽粟而已，其為交易也，不得已而以錢權之。然自三代以至於唐，所取之於民者，粟帛而已。自楊炎兩稅之法行，始改而征錢，而未有銀也。」足徵元以銀賦，又創前代之例也。

考元代田賦之弊，不在包征，不在用銀，而在册籍無憑。此乃糧政上極大之秕弊，當元初入江南，兩淮土曠民寡，兼併之家，皆不輸稅，僅松江一縣，富民包隱田土，爲糧一百七十萬石，蕩沙爲鈔五百餘萬緡。於是重立經理之法，其要旨爲令民自實，有土地陳報之義。延祐元年，鐵木迭兒以經理之法爲未足，復下令括田增稅。昵匝馬丁者在江西括田酷虐尤甚。信豐一縣，撤民廬千九百區，夷墓揚骨，以爲所增頃畝。居民怨毒入骨，故肇贛州民蔡五九等率衆寇掠汀漳，稱王建號之變。此因括田經理而引起之軒然大波，朝庭遂有戒心，僅令民自實，以均賦役，而不復括田矣。

民食措施狀況　遼雖馬逐水草，人仰湩酪；富以馬，強以兵。自侵入華夏以後，漸具建國之型，首重食貨。太宗即位，敦勸農桑，教民紡績，飭令部屬闢農田，以事耕耘。有傷禾稼以軍法論罪之禁，其對於糧食之重視，由此可見。聖宗統和十三年，詔諸道置義倉。歲秋，社民隨所獲，戶出庤倉。道宗大安九年，詔於東京沿邊五十餘城，各置和糴倉，出陳易新，約如常平之制。民間如自願借貸，收息二分。所在無慮二三十萬石。雖累兵興，未嘗用之。

金興，首行和糴，只許民間留戶口歲倉，餘均納官，給其直。其後命地方於秋熟後廣糴，以充軍糈，兼備水旱，而抑配之弊又起矣。大定十四年，定常平倉制，不久尋廢。至章宗明昌元年，御史請復設常平倉。省臣曰：

「大定舊制，豐年則增市價十之二以糴，儉歲則減市價十之一以出，平歲則已。增之減之，以平米價，故謂常平。非謂使天下之民專仰給於此也。今天下生齒既衆，如欲計口使餘一年之儲，不惟數多難辦，又虛出不以時而致腐敗也。況復有司抑配之弊。殊非經久之計。如計諸郡縣戶口，例以月支三斗爲率，每口但儲三月，已及千萬，實足以平物價救凶荒矣。著令諸處自儲官兵三年食外，可充三月之食者免糴，其不及者俟豐年糴之，庶可久行矣。」

乃復設常平倉。旋敕以常平倉豐糴儉糶有司奉行勤惰褒罰之制，徧諭諸路，其奉行不力者，提刑司糾察以聞。又以各處常平倉，置於州府，人民跋涉前往糴糶，殊多不便，於是改制，縣距州六十里內，就州倉。六十里外則特置倉。更以舊制備戶口三月之糧，恐數多致損，乃令戶二萬以上者備三萬石，一萬以上二萬石，一萬以下五千以上備一萬五千石，五千戶以下備五千石。其屯[illegible]儲糧之縣不限此數。凡官糴，須俟秋收日依常平倉例辦理。郡縣吏受代，如所糴粟無壞，一月內交割給由，無同管勾者，亦准上交割。違限，委州縣并提刑司差官催督監交。其考成標準，則凡本處歲豐收糴不及一分者，本等內降，提刑司體察直申尙書省，至日斟酌黜陟。因當時獎懲之法極嚴，故五百十九處之常平倉，於二年之間，積粟達三千七百八十六萬三千餘石，可備官兵五年之食。米八百二十餘萬石，可備四年之用。迄於宣宗貞祐三年，則行沿河遮糴之法，凡商人販粟渡河者，每石官糴其八，不得私渡。軍民旅客之粟，不糶於官糴處而私販渡河者，杖一百。於是商販裹足不前，滄州等處斗米銀十餘兩，殍殣相屬。翌年，以河北錢多，復行遮糴。在河南岸，以金銀絲絹等博易商販之糧，轉之北岸，囘易糴本，兼收見錢。至興定元年，民不堪擾，爲和糴而棄本業者日益衆。有餘之家，乘賤多糴，至用急時，以貸饑民。名爲無利，實則數倍。饑民得食維艱，莫敢與較。及秋方登，舉以還貸，困儲爲空，而民生更困，勢必不惜重利又求貸於富有之家矣。

元代對於糧政設施，亦極重視，初令各路擇曉通農事者充勸農官，中央置勸農司，各地置勸農使。至元時立司農司，凡州縣吏之升降，以勸農之勤惰為準，訂立勸農社規，於注意切實推行合理糧政之外，尚有符合於管教養衛之旨，茲擇其要者錄如下：

一、諸縣所屬村疃，五十家為一社，擇年高曉農事者立為社長。增至百家者，別設社長一員。不及五十家者，與近村合為一社。地遠人稀，不能相合，各自為社者聽。社長專以教勸農桑為務。本處官司不得將社長差占，別管餘事。

一、社長宜獎勸罰惰，催其趁時耕作。仍於田塍樹牌橛，書明某社某人地段，社長以時點視。

一、每丁歲植桑棗二十株，或附近宅植地桑二十株。其地不宜桑棗者聽。植榆柳等，其數亦如之。種雜果者，每丁限十株。仍多種苜蓿備凶年。

一、河渠之利，委本處正官一員偕知水利人員，以時濬治。如別無違礙，許民量力自行開引。地高水不能上者，命造水車。貧不能造者，官給車料。俟秋成之後，驗水使之家，俾均輸其值。

一、近水村疃，應鑿池養魚并鵝鴨之數，及種蒔蓮藕菱芡蒲葦等，以助衣食。

一、社內有疾病凶喪之家，不能耕種者，眾為合力助之。

一、社內災病多者，兩社助之。其養蠶者亦如之。耕牛死，令均錢補買，或兩和租賃。

一、荒田除軍營報定及公田外，其餘校下探馬赤軍之自行占冒，從官司勘當得實，先給貧民耕種，次及餘戶。（按蒙古探馬赤軍人等，嘗有占冒民田之事，至元十一年，亦令一體入社，依例勸課。）

一、每社立義倉，社長主之。豐年驗各家口數，每口留粟一斗。無粟者抵斗存留雜色物料，以備凶荒。

一、本社有孝弟力田者，從社長保申本處官司量加優恤，若所保不實，亦行責罰。

一、有游手好閑及不遵父兄教令者，社長籍記姓名，俟提點官到日審問情實，書其罪於粉壁。猶不改，罰充本社夫役。

一、每社立學校一，擇曉通經書者為學師。農隙令子弟入學。如學文有成者，申復官司照驗。

一、每年十月，委州縣正官一員，巡視本管境內，有蝗蟲遺子之處，設法除之，務期盡絕。

成宗以後，雖屢有勸農之詔，但有司視為具文，行之不力。仁宗延祐元年，曾命廉訪使，每歲攢造農桑文册，赴大司農司考較。而造册苛擾，多屬虛偽，故監察御史許有壬譏為紙上栽桑云。

和糴始於世祖中統二年，大抵照市價騰增十之一以糴。至元二十二年，始命江南秋收，官為定例收糴，次年減價出糶，用充軍儲。重定和買之法，凡諸和買物須驗出產停頓去處，分俵均買。官吏不得以賤拘收措勒人戶，違者痛行斷罪，計其餘價，依數追還。後亦流弊百出，和買不隨其所有，而強其所無。且不給分文價鈔，百姓典家賣產，鬻子僱妻，多方籌買以供官司。此雖不僅限以穀米和糴，而擾民苛政，由此可見。至其所設之常平倉，據史籍所載，大都遍及河北山東陝西河南諸地，而大江南北則未見也。

義倉之設，見於社規規定，雖名為義倉，而有社倉之實，由社長主之。豐年驗各家口數，每親丁納粟五斗，驅丁二斗，無粟者存留雜色糧。官吏不得拘檢借貸，荒歲就社戶給食。行之既久，雖倉庫充實，民但見其害，不蒙其利。張大光論其弊有四：一曰掌倉之弊——掌倉者非革閑之吏貼祗侯，則鄉里無藉潑皮。請託行求，公納賄賂，校充是役。上以苟避差役，下以侵削小民。既已費過重貲，寧不貪圖有利？官司容其奸僞，百姓不敢誰何。二曰點檢之弊——其有考滿守缺司吏官員，門下親知，或結託求差，或倚勢分付，帶領僕從，名爲計點義倉糧。盤繞鄉村，呼集社伍。需求酒食，索取齎發。饜所欲則抄寫虛數，忤其意則苛細百端。遂科斂社民，糶賣義穀，以爲祗待出發。前者既去，後者復來，所積之粟，已十去其六七矣。三曰出貸之弊——掌倉素非仁德忠厚之士，所儲之穀，平時先已侵用。至於出貸之際，預行插和糠粃朽穀沙土。及至支遣，小斗慳量。比及到家簸揚，所貸不得一半。豐年有米，則勒令民戶承貸，凶荒之歲，則推稱已貸盡絕。惟務肥己，不恤濟人。更有虛裝人戶，具報官司。或立詭名，交割下次。民之受害，其何可言。四曰回收之弊——百姓貸穀未及半年，爲之掌倉者，既交割前界貸數，乃集不逞之徒，三五成羣，遍繞鄉村，催索逋貸。叫囂隳突，需求酒食，何所不爲。及至人戶擔穀到倉，一斗必收二斗。斡人脚穀，上斂科倍。滿斗豪量，不奪不饜，稍涉分析，則云以後官司計點，虧折誰賠。若或不從，必解官懲治。民之困於義倉，有甚於凶荒之歲。乃有虛申案驗，僞措倉困。覈其數則億萬有餘，考其實則百千不足，官司視爲具文，姦奸因緣爲私，饑荒之歲，民不沾惠。至元末年，各社之倉皆空如洗，雖申復立之令，而弊仍來除。

仁宗皇慶二年，趙天麟鑒於舊弊未去，奏請改制，其言曰：

「每社立義倉，自是以來，歷二十餘年，仍多空乏之處。頃來水旱相仍，蝗螟蔽天，饑饉薦臻，四方迭苦，轉戶就食。……今立義倉而貧者，蓋計丁納粟故也。望普頒明詔，詳諭農民。凡一社立社長社司各一人，社下諸家、共穿樂倉窖一所爲義倉。子粒成熟時，納則計田產頃畝之多寡而聚之。常年納例每畝粟率一升，稻率二升。遇大有之年，聽自相勸督而增數納之。同社有豐歉不均，則免歉者所當納之數」

天麟之議雖善，但終元之世，義倉未臻完善之境，延祐泰定年間，敕有司治義倉之詔四下，其奉行不力，可推測矣。

元代與外洋漸啓交通之門，故米糧有外貿之事；在其刑法中，有不准私販米糧下海之律。違者船商船主綱首事頭火長各杖一百，物沒官。至元中，亦有禁廣州官民毋得運米至占城諸番出糶之令，實創前代未有之禁。

第七章　明代糧政

田制與田賦　明代有官田民田。官田皆宋元時入官田地，其後又有還官田，沒官田，斷入官田，學田，皇莊，牧馬草場，城壖苜蓿地，牲地，園陵，墳地，諸王公主勳戚大臣內監寺觀賜乞莊田；百官職田，邊臣養廉田，軍民商屯田等通謂之官田；其餘則爲民田。孝宗以後，官田之面積，逐漸增加，據日知錄所載，僅蘇州一處，民田只占官田十五分之一，此足徵當時官田之盛也。民初承佃種官田，官給農具與牛種；其後官不供給。且一經編入官戶，雖水旱凶荒，無減租之議。故廣西布政使周幹上疏言及海寧崑山海水陷官民田千九百餘頃，已經十年，而今猶收其租。其更害民者，則爲相沿日久，版籍脫訛，買賣過割之際，往往以官田爲民田，釀成爭訟。當時所謂莊者，有皇莊官莊之分，皇莊創於憲宗時，畿內佔地頗廣，武宗時達三萬七千五百九十餘頃。其佔領之方式，則爲管莊官校招集羣小稱莊頭伴當，占土地，斂財物，汚婦女，民　稍與分辯，輒被誣奏。官校執縛，舉家驚惶，故民心傷痛入骨。官莊大半屬於賞賜功臣者，公侯丞相以下，多者百頃，親王多者千頃。百官公田皆以其租入充祿。孝宗弘治之世，畿內官莊達三萬三千餘頃，他處之多，尤不可計。正德以後，風習更壞，凡有官莊之地，竟架搭　梁，擅立關隘，出給票帖，私刻關防，民間撐駕舟車，牧放牛馬，采捕魚蝦螺蚌莞蒲之利，靡不掠取。至鄰近之地，則展轉移築封堆，包打界址，見畝徵銀，與地方豪猾之民，互相勾結，狼狽爲奸，而民益困敝甚矣。

經理之弊，前章曾詳言之，故明之興，遂有大規模之丈量運動，澈底整頓田賦，編造魚鱗册以爲根據。初，先置黃册，史稱洪武十三年，帝以徭役不均，命造黃册。百十戶爲里，丁多者，十人爲里長，鳩一里之事，以供歲役。十年一周，餘百戶爲十甲。每十年，有司更定其册，以丁糧增減而升降之。册凡四，一上戶部，其三則布政司府縣各藏其一，因上戶部之册面黃紙，故謂之黃册。洪武二十年，乃爲通國丈量之法。遣周鑄等百六十四人覈浙西田畝，定其賦役。復命戶部覈實天下土田。而兩富，畏免徭役，大率以田產寄他戶，謂之鐵脚詭寄。國子生武淳等，分行州縣，隨糧定區，區設糧長浙民四人，量度田畝方圓，次以字號，悉書主名及田之丈尺，編類爲册，狀如魚鱗，故曰魚鱗圖册。黃册以戶爲主，詳具舊管新收開除實在之數，爲四柱式。魚鱗册以土田爲主，諸原阪墳衍下隰肥瘠沙鹵之別悉具。有魚鱗册爲經而土田之訟質。以黃册爲緯而賦役之法定。凡質賣田土，備書稅糧科則，官爲籍記，不致有產去稅存之害。

永樂宣德以後，豪戶猾胥，相互爲弊。有自私墾田，而令不報官者；有辟地數頃，而止報升合者；又有隱匿腴田，而揑作陷沒者；有飛灑稅銀，而幻去畝籍者。因之新額無增於前，而原額日減於後。且推收過割之際，奸弊叢生，有有田無賦者，有有賦無田者，其原起於富家敗宕之子，急於售產，不暇推配。久之而推無所歸。吏胥之姦者，乃敢於飛灑，久之而納者不知，故下困貧民，上虧國課，而魚鱗册失時效矣。

神宗時，張居正當國，以江南貴豪怙勢，及諸奸猾吏民善逋賦，選大吏精悍者，嚴行督責。咸天下田畝，通行丈量，以三載竣事。用開方法，豪右不得欺隱，里甲免賠累而小民無虛糧。其後明政日弛，憂患亟，丈量之事，不復能行。崇禎之初尚有民死而丁存，田荒而賦在之病。

關於徵收田賦之制，明代獨具互相牽制之辦法，分催、收、與監督三部門。明史食貨志載顧鼎臣曰：

「成弘以前，里甲催徵，糧戶上納，糧長收解，州縣監收。糧長不敢多收斛面，糧戶敢不攙雜水穀糠粃，兌糧官軍，不敢阻難多索，公私兩便。」

里甲者，即明初編造黃册時定制推舉之里長甲首，司催納之責。糧戶即為業戶。糧長者，太祖時令田多者為之。督其鄉賦稅，歲七月，州縣委官偕詣京領勘合，以行糧萬石長副各一人，輸以時至。得召見，語合輒蒙擢用。是糧長為當地富有之地主，負徵糧之責者也。州縣則僅居於監督地位，其後有包徵之制，與元代撲買相似，亦百弊叢生。

察吏之道，明之催科為嚴最。隆慶五年，格賦不及八分者，停有司俸。萬歷二年，以九分為及格，仍令帶徵宿負二分，故民歲輸仍十分以上。有司憚考成，必重以敲扑，民力不勝，流亡隨之。明史陳寧傳記其在蘇州時，徵賦苛急，嘗燒鐵烙民肌膚，吏民苦之，號為陳烙鐵。隆萬以後，此風靡烈，禎崇時王家彥上言曰：

「民何至接踵為盜，盜何以潰裂以極？論者謂功令使然。催科急者書上考，督責嚴者號循良」。

足徵末世之政，愈趨苛暴也。

明田賦之重，以東南為最。初太祖定天下官民田賦，凡官田畝稅五升三合，民田減二升，重租田八升五合五勺，沒官田一斗二升。惟蘇、松、嘉、湖，怒其為張士誠守，乃籍諸豪族及富民田，以為官田，核私租簿，以為稅額，混私租以入官糧自此始。其更有擾民者，則為漕糧制。初都南京，用東南之米，借民力而為轉漕運納之費。其後改宅北平，道路艱難，小民轉運至京，率耗正糧之三倍。於是改行支運法，支者，不必出當年之民納；納者不必供當年之軍支。繼立兌運法，令民運至淮安，交軍北運。每石納耗米四斗。後又定折運之法，令舊輸漕糧者輸銀，然田不加多，賦斂實倍；交納之費，過於所需，卒未能盡行改折以節民困。

其徵收之際，流弊更多，宦戶儒戶有包攬之姦。據范濂雲間舉目抄云：

「詭寄之妨賦有二：其一，自貧儒偶躐科第，輒從縣大夫干請書册，包攬親戚門生故舊之田，以實其中。如本名僅一百畝者，浮至二千後，白銀三百兩，則令管數者日督寄戶完納。及有司比較結數，二百七十兩已足九分，便置不比。是秀才一得出身，即得享用無稅民田二百畝矣。積以十計，則每縣無稅民田，去二千矣。況十不足以盡之乎？又況所寄愈多，所請愈甚乎？」

更有恃貴橫行者，范氏又云：

「其二，自鄉宦官久年尊，則三族之田，悉入書册。其間玩法子姪，謂有司無可奈何鄉宦，鄉宦無可奈何我們。於是動輒欺賴，一官名中，有欠白銀千餘者。夫一官以千計，十官以萬計，又況不止十乎？」

富人多田，患苦重役，乃以貨啗奸書，某戶洒田若干畝，某戶洒糧若干升，其被洒之家，必其昧不諳事，或樸懦不狎官府者也。甚至家無立錐之業，而戶有田畝糧差之需，此以謂飛洒者，張冠李戴之弊也。又如趙甲有田，隱與錢乙，錢乙復開與孫丙，孫丙復開與李丁，李丁復開與趙甲，趙甲不收，則併田與糧而交之，此乃慮為買賣，以圖規避之弊也。又有買田十，而止開其八九遺一二於原戶者。又或收田而不收糧，俾賣主受其害而己得減輕，此以買戶為姦者也。又有田本輕則，而開作重則。田本八九，而多開為十，以歸於人，因得輕稅之田，此以賣戶為姦者也。凡以上所舉。皆為征收之弊，至其田賦制度本身之缺點，則為賦役混合，卽史所謂一條鞭稅制者也。

一條鞭者，總括一縣之賦役，量地計丁，丁糧畢輸於官。一歲之役，官為僉募，力差則計其工食之費，量為增減；銀差則計其交納之費，加以增耗。凡額辦、派辦、京庫、歲儲與存留供億諸費，以及土貢方物，悉并為一條，皆計畝徵銀，一辦於官。立法頗為簡便。嘉靖間屢行屢止，至萬曆九年，乃盡行之。責徭役於田而不復問人丁，此所謂地丁合一也。考賦役合出於田之本意，固欲使手續簡便，役名不繁，而其另具平等精神，則為使當免役者，因有田而不能免。所謂通輕重苦樂於一色之中，法當優免者，不得割他戶以私蔭。然萬曆以後，原意消失，鄉官，吏胥，生員法皆得以復其戶，而無雜泛之差。崇禎之世，民病苦於徭役，雖役丁糧而仍科力役，名為一條鞭，實疊床架屋以擾小民也。

預備倉之設置　洪武初，太祖令出楮幣二百萬貫，詔行省各選耆民，運鈔糴糶，於居民叢集處置倉，各州縣東南西北四所，以備賑濟，曰預備倉。凡民家有餘粟願易鈔者，許運倉交納，依時價償其直。洪武二十四年，恐耆民緣此擾害百姓，乃罷糴糶。成祖永樂中，令預備倉移置城內，其後官吏侵為己有，私貸於人，不復還倉，漸趨廢弛。宣德中遣官巡視整理，令鄉縣修倉征收，以守令不得人，舊弊仍未革。英宗正統二年，戶部又以倉廒頹塌不葺，糧米逋負不徵，致歲凶缺食為言。雖屢下復修之詔，多未徹底遵行。獨于謙巡撫河南、山西時，能修其政。上疏請以每歲三月，令府州縣報缺食下戶，隨分支給。先菽秫，次黍麥，次稻。俟秋成償官，而免其老疾及貧不能償者。州縣吏秩滿當遷，預備糧有未足，不聽離任。仍令風憲官以時稽察。詔從之。乃遣幹廉京員往督州縣，以舉廢爲殿最，有欺蔽怠廢者奏罪之。又命六部都察院推選屬官，詣兩畿各省府州縣，發所在庫銀糴糧立預備倉。凡軍民能出粟佐官者，授以散官，並旌其門。納穀至千五百石者，獎爲義民，免本戶雜役。至侵盜倉穀者，僉妄充軍。又定借米歸還辦法，賑饑民一石，俟有年，納稻穀二石五斗還官。憲宗成化六年，復開納粟免考之例；又定倉穀支放概由州縣官親管，不許轉委作弊。孝宗弘治時，定州縣官考核辦法，如其數爲稱職。過其數，果有卓異政績，給與本等誥命。過其數而多增一倍，再有卓異政績，具題旌擢，仍給本等誥勅，行移吏部，遇缺不次擢用。不及數者以十分爲率；少三分者罰俸半年；少五分者罰俸一年；少六分以上是爲不職，俟九年考滿，送吏部降用。至地方監督官廳之考成，知府則視所屬州縣積糧多寡爲勸懲。弘治十八年，准在外司府州縣問罰，無該贖罪等項贓罰之物，盡行折納，糴買稻穀上倉，以備賑濟。正德元年，又令囚納楮者，以十之八折米入預備倉。軍官犯者，納穀準立功。二年，遣使查勘各庫藏所積，除軍用外，儘數糴買米穀上倉。以上各制，不能認爲不嚴密，然當時各倉，仍無甚積蓄。世宗嘉靖六年，乃仿平糴常平之法，無間放賑貧民，秋成抵斗還官，不取其息。如見在米穀數少，將貯軍官錢及贖罪折抵銀兩，付委賢能官員糴買，比時價估量添二三文。又將府州縣之儲量減少，府以一萬石，州以四五千石，縣以二三千石爲率。嘉靖中，州縣儲糧，皆不及數，道又酌減以上中下三等爲準。上州縣歲積千石，中七百石，下四百石。雖以積蓄多寡，又定賞罰之法，然泄沓者視爲具文，縱減至極少之數，亦不爲備。更有急功者妄行科罰，剝民利己。賑貸之後，饑民止限借一石，或償十數石而不足。借止一年，或征至十數年而未休。下戶細民，有寧賣子女流徙，不肯窺倉廩之門。狡焉者與吏胥勾結，其貸也，寄之於里胥，而冒詐之民多；其償也，責之於里胥，而徵求之弊作。及其弊也，里胥必詐與貧民通，而訐爲詭詞。貧民必甘與里胥市，而覬爲滅跡。病民之甚，由此可見。

常平倉之詳制　明之常平倉，爲官吏與士紳所籌設，政府並無定制。故考於正史，事蹟不多，茲擇論常平倉制之較詳者以備參考。汪道亨於熹宗時在陝令各縣推行常平倉，指示糴糶及管理之法，先令米行，每日從實報價，一憑時估而量增收糴，不拘穀粟，各從其類收貯。如鄉民赴倉糶售，用平斗，隨到隨收，不許類集，致令鄉民等候。價比市略增若干，該價若干，發時支給，亦不許類集總數發放，致有豪强作弊等事。更嚴禁牙行街棍，詐稱官糴，愚弄鄉民。所收之糧，務要乾圓潔淨，能耐久儲者，不許攙和糠秕。其出糶也，每年斟酌豐歉而調節之。如遇豐年，小民不甚乏食，或十石或五七石，聽民間時估糴買。荒年穀米騰貴，照市減價出售，只許貧民，不拘升斗。其極貧之家，無銀赴市者，聽社倉公廩分賑之。如有市肆牙行富豪之家，希覬價減，假名收買，應嚴密稽查，盡法以治。至青黃不接時，減價出糶倉穀，不必下市。先出示，穀每石折米若干，市價若干，今減若干。從實作數，不許有名無實。凡鄉民願糴者，不分多寡，先將銀錢收下，給以圖書印票。收銀畢，開廒放穀；用準斗準斛，不得用手抹蕩，致有高下之弊。如有市肆壟斷，每日更名換人多糴過十石以上營利者，訪出或訐發拿究問罪，完日枷號一月。其管理方面，重在司帳，置簿二册，一注糴本銀，一注糴糶穀石。分別記載銀錢收付及穀石出納。出糶事畢，如償糴本，已足常平舊管原額，尙有餘剩，作爲新收，仍充糴本。如凶亂之年，則以餘粟分賑極貧。

倉廒之建築，大半依張朝瑞所議之式，其基地擇南向高阜以避水溼。頭門一座，約高一丈三尺八寸，中闊一丈，入深連簷一丈七尺六寸。兩傍耳房，每間闊八尺，住守倉人役。頂用大竹篾覆之蓋瓦。大門兩扇，每扇闊三尺。廒房東西對向，視蓄積之量而定間數。每間高一丈三尺六寸，闊一丈一尺二寸，入深一丈六尺，約可儲穀四百石以上。廒內先用地工，將廒深築堅實。外簷用石版鑲砌，內以厚磚砌底。用條石墊擱楞木舖，釘松杉厚板，上舖葦倉。席頂上方以木爲椽，椽上用板幔。板上用大竹打笆覆之，笆上覆土，更覆以瓦。周圍廒牆，脚闊二尺八寸，先行築實，方用條石砌脚三層。上用地伏磚扁砌，純灰抿縫。中用稍碎磚瓦，少以泥和塡實，仍用鐵牽粉釘。如地面高燥者，四面俱用磚牆。廒後及兩側牆俱包簷。每埭不論間數，爲三間五間七間，隔爲三段，各開三門，氣樓亦如之。廒內貼牆處，用木柵釘相思縫厚板，使穀不着牆，以防浥爛。廒口亦用相思縫厚板橫插。如地勢卑溼者，廒前面不用磚牆，廒板外用圓木柵欄一帶。上面建廊，闊五尺六寸。廒外天井，用石板舖平，以便晒穀。上項建築形式，在工程進步之今日，自不適用，然儲藏之建築原則，未可忽視，故錄其詳細尺寸，以供今日建倉之參考。

社倉之組織　社倉行於英宗正統初年，因原有之預備倉，縣止一二所，居民星散，賑給之時，追呼拘集，輒淹旬月，饑民不待給粟而斃，有司請增社倉，仍取朱熹之法；參酌事宜，定爲規畫。嘉靖中，兵部侍郎王廷相，請將義倉貯之里社，凡一村之間，約二三十家爲一會，每月一舉。第上中下戶捐粟多寡，收貯於倉。推有德者爲社長，善處事能會計者副之。歲凶計戶給散。先中下者，後及上戶。上戶責之償，中下者免之。給貸悉隨於民，第令登記簿册，以備有司稽考。則既無官府編審之煩，亦無奔走道路之苦。八年乃令各處撫按官設立社倉，初責上等之家出米四斗，中等二斗，下等一斗，每年加耗五合。其後富者鮮仁，多不出粟，而中下之戶，所輸爲數有限，制遂破壞。然各地亦間有自動主辦者，成績斐然，茲錄張朝瑞及汪道亨對於社倉組織之辦法，以較宋代之制。

張朝瑞之社倉組織辦法

一、員役　公推鄉約正副各一人，主持稽查及簿册保管登記事，又推公直殷實者司出納。

二、糴本　糴本來源有四：（1）秋熟時每畝量出穀半升。或富戶出石，貧者出升斗。（2）地方官吏捐俸提倡，及發紙贖等銀補助。（3）禁止迎神賽會，以其香錢充用。（4）士民倘義出穀。

三、借收　每年青黃不接時，闕食者量準借與，就保長處，會同約正副，批立合同，登記籍薄。候秋收日，扣息二分納還。但借穀至多限十石。

四、獎懲　凡出穀多者請旌獎。不肯出者，荒歉之年，義穀官糧，俱不準與。

汪道亨之社倉組織辦法

一、本穀　本社集社長、社副、社衆會議，各量貧富家口爲多寡。戶分三等，等列三則。其輸穀之法，每月一會，約定會期。上上戶每會六斗，上中戶五斗，上下戶四斗，中上戶三斗，中中戶二斗，中下戶一斗，下戶不與，社穀初貯，穀本尙微，不許輕易斂散。如以一歲之穀，盡輸於社，或分三四會輸完亦可，不必拘定十二次。如粟不便者，許納銀錢登簿，遇賤，糴貯社中。若有家道頗殷，絕無斗穀入倉者，即書某人名，加以頑吝二字，貼社倉內。但遇荒歉，官社倉穀，俱不准給。其有鄉村隘小，不能分三等，等不能列三則者，酌量增損。

二、**義穀**　凡社中富而好行其德者，能於本穀外，願輸二石入倉者，紀善一次。四石紀善二次。十石紀大善一次。二十石紀二大善。三十石紀三大善，州縣掌印官獎賞。輸五十石以上者，該府暨州縣送扁，書「好義」二字。輸百石以上者，本道送扁，書「施仁」二字，照例給與冠帶。輸至二百石以上者，准給冠帶優禮，本道及兩司送扁，書「樂善」二字。其輸四百石以上者，申請兩院送扁，書「積德」二字，給與冠戴，仍優免雜從差役，犯罪不許加刑。此外若輸八百石以上者，申請兩院，照例奏請豎坊表里。

三、**罰穀**　凡官司自理贖穀，除照舊入預備官倉外，其各社有鄉約演禮不到，保甲直牌怠玩，及一切違犯稍輕者，聽約正副處酌罰穀。其有本社小事口訴不平者，聽約正副量判曲直，罰穀使之平息，以省赴告及株連干證之費。其有赴告後而自願和息者，有司酌罰穀，輸之該社，取其倉收免罪，情輕者，批由約正副查處量罰，是爲罰穀，登簿備查。

四、**息穀**　倉穀收貯若干，每年於二月初起至四月止，宜出陳易新，餘月不得輕借。其交還月份，自九月起至十月止，不得延捱，以致穀價漸貴，輸納愆期。初年穀本尚微，每石取息二斗。如時小歉，則減息之半。行至三年以後穀本漸裕時，每石取息一斗。如小歉止取五升，大歉則盡免其息。凡借給之戶，有過時不還，或還而溼惡不堪者，送官重治。下次不准再借。出借之時，須會同集議，量其可償，方准托保關借。如遊手無賴，刁頑無信，強豪不馴者，不得輕與。如或輕與以致欺騙者，俱在保人及收管人名下追賠。收管之人，揑開詭名冒領和取規利者，許人告，另行追罰。每放借完日，即將本社中下人戶支借過穀石若干，應該息穀若干，一一登簿，以便稽考。餘穀收貯，不得混支升合。每年終結算出入，給與收管人一石，以償其功。

五、倉廒　以上四等倉穀收貯倉廒之法，不可不講。須查各處舊有倉者基址，或嫌狹隘，相應設法量增房屋，或係假借，相應措處。凡建倉屋，四圍空曠，不近民居煙火。其有相近者，須買磚堆砌，以備不虞。以上費用，俱於四等穀內取之。或有尙義之士，獨任其費者，官司重加獎賞。其平素無倉地方，若新斂有穀，或於各鄉約寬餘處所寄囤，或各鄉約所有空居，即度其値易買，俾鄉約社倉合置一處尤便。或借廢寺廟庵觀暫停，俟積穀果多，則公議扣穀建倉。凡有人樂助者，或銀錢或穀米，隨意多寡，俱登記於簿，勒石垂名。各該州縣，每年終通查所屬，共建倉若干，將千字文挨順里甲，編立字號，共若干處，各置牌扁，大書某字號社倉五字，懸掛倉門。該州縣將總數報之府州，以便稽察。

六、收掌　社倉收掌出入，當立社長一人，以本處年高行優者爲主，兼家資殷實者更妙。（或即以約正保正爲之）凡社中事務，皆聽裁決。又立社副二人，以年力強壯行能服衆者爲之，或即以約講約副保副爲之，俱要犬牙相制。社長專管鎖鑰。社副二人，一管出簿，一管入簿。又立社僕二人或四人，以壯年公直有才幹者爲之，俱從社長社副指揮，分任勤勞。又置社穀出入二簿，先將各戶輸穀登記入簿；待放出之時，仍將各戶借過若干數目登記出簿。造完送官查驗，印發本社，待後照數催收。

七、典守　社倉之典守，如或社長近倉，即以社長兼主守之事。社副社保亦然。或俱不近倉，則宜另立社直數名，或以本地人夫輪流值日，或按甲選擇，一季一換，俱聽酌便處。若於社倉之旁，公立社學，令子弟在學讀書，則看守有人，不必更立社直，惟須加意防閑，不至疏虞為要。

八、稽核　各倉積穀既多，奸民或因之以滋侵漁。若經官逐一查盤，則必重為民累。合應免其查盤，止於本府管糧廳置循環簿二扇。各州縣每年五月將放過若干，十二月將收過若干，赴廳倒換備查。各倉放出收完，俱報本州縣。其餘出入，民自收掌。官司或因路便，或出不意抽查，以革奸弊。其經管之人，如果公勤謹慎，衆所悅服，增息穀至三百石以上者，稟官旌獎。其有侵欺，及借貸之人負指互相容隱者，許諸人指名首告，官司着實查追，不得姑息。

九、分賑　凡遇大祲之歲，官府行賑之時，約算本社除上等可以自給外，其餘中下人戶，各照本穀原數，聽其分領。……尚有義罰息等穀約算若干，社長等公議酌量本社應存若干，以防後日；應賑若干，以救目前。分數議定而後開倉。其平時施穀入倉，先上上戶，次上中戶，次上下戶，次中上戶，次中中戶，次中下戶。其凶年賑穀，先下下戶，次下中戶，次下上戶，等而上之，至中上而止。仍查其中有先富而後貧者准賑，先貧而後富者不準賑。其年力强壯能為人營運及堪為人傭，社中有興作者收之，給與工食。傭工有力強而不為傭，不事生業，坐以待賑者，賑凡二次止。其分賑宜常留贏餘，以備後賑。

十、推恩　社倉行至三年以後，粟有贏餘。社中好修貧士孝子順孫不能舉火，宗族親戚俱無足恃者；貧而有喪不能舉，及子女過時不能嫁娶，情景可傷者；節婦年自二十四五以前孀守，至今已踰五十一向無隙可議者；民年七十以上貧而且病衣食俱乏者，俱聽社長等酌議周恤，登簿報官，不許徇私冒濫。

十一、費用　倉中逐年紙劄及修葺倉廒守倉人工，……俱各訂爲定式，不豐不儉，經久可行。……若日久穀多，則可將穀本置社田。

十二、社學　古之教者里有社，家有塾，黨有序，此教化之所以易行也。故社學亟宜舉行。社長人等各查本處現有社學，……或原無社學，須公同酌議於公衆地基，置建社學。亦照社倉出穀事例，勸諭衆人隨力樂助。或待社倉行久，以羨息等穀製立。

汪氏社倉之組織，與朱熹社倉事目，大致相似，惟汪氏之推恩、社學兩項，雖與民食無甚明顯關係，但教養兼施亦爲我國政治之特色，與今．推行之管教養衞政策，實不謀而合也。

明季加派之弊　一條鞭之規制頓紊，加派之弊隨之而生。嘉靖年間於每畝正糧以外，另有加派之制，類似後日之附加稅。食貨志嘉靖二十九年：「俺答犯京師，三十年，京邊歲用至五百九十五萬。戶部尚書孫應奎，蒿目無策，乃議於南畿浙江等州縣，增賦百二十萬，加派於是始。」明史孫應奎傳則謂建議加派，自北方諸府，及廣西貴州外，其他量地貧富，驟增銀百十五萬有奇。萬曆初，倭患方亟，遂益行加派，故二十一年，神宗有除天下東征加派田賦之詔。萬曆四十六年，以遼東兵事興，李邦華僞議自貴州外，畝增銀三釐五毛，得餉二百萬。明年復議用兵，增賦如舊。又明年，再議增賦，復畝增二釐，爲銀百二十萬。三年之中三次增賦，凡五百二十萬有奇，遂爲歲額。崇禎三年，梁廷棟請於九釐之外，復再加三釐，得增賦六十五萬有奇。十年戶部苦於無餉，兵部尙書楊嗣昌建議因糧爲均輸，加賦二百萬，詔廷臣議可否，嗣昌方用事，無可難之者。原擬期增賦一年而止，後餉盡而賊未平，詔徹其半。督餉侍郎張伯鯨請全征，帝慮失信於百姓，嗣昌曰：「無傷也，加賦出於土田，土田盡歸有力家，百畝增銀三四錢，稍抑兼并耳。」大學士薛國觀等皆贊成其議，遂復征餉七百三十萬。

當時除政府正式加派之外，又有軍前之私派，猶此人民，猶此土田，餉加而田日荒，征急而民日少。孫承澤春明夢餘錄有勑軍前私派疏云：

「邇因寇禍益深，皇上特遣閣臣楊嗣昌秉鉞剿，凡征兵、索餉二事，內呼如雨。司農初應之以新餉，繼應之以剿餉，再應之以練餉。惟恐須臾稍緩，無以慰任事者之心，且有以開卸事之口，蓋已竭閭閻之膏血，惟命是聽矣。然孰知軍前之需，取之部額者有限，而私派之地方者，正無紀極也。憶臣待罪縣令時，條奉一文，取豆米幾千石，草幾千束，運至某營交納矣。條奉一文，買健騾若干頭，布袋若干條，送至某營交納矣。條奉一文，製銅鍋若干口，買戰馬若干匹，送至某營交納矣。並不言動支何項錢糧，後日作何銷算。惟曰遲誤，則以軍法從事耳。州縣之卷，懍懍恐後，間有借支正餉，以救目前之急者。然派之里下者，則比比皆是矣。是以私派多於正賦，民不堪命。」

則此爲加派外之弊也。

第八章　清代糧政

官田與民田　清代田制多沿明舊，有官田民田之別。官田中最多爲屯田旗田；民田中最多者爲民賦田更名田。茲先述官田。清時各省屯田頗多，據高宗乾隆三十一年調查，天下土田共七百四十萬四千四百九十五頃五十畝，而屯田佔三十九萬二千七百九十五頃六十七畝。（清制廣十五步縱十六步爲一畝，百畝爲一頃。）竟占總額百分之六，邊外各地，尙不在計內。蓋其制度全襲前明，由軍丁承糧，衞所管轄。軍丁於耕作之外，有操演、捕盜、守衞，運糧之義務，故其科徵輕於民田。世祖順治七年，衞軍裁汰，僅留運糧處所，而屯田仍舊輕科。世宗雍正十二年，又併內地衞入州縣，僅留漕運各地衞所名目。論籍雖有軍民之殊，而佃作方面已毫無差異。其後屯田輾轉買賣，版籍淆濁，無實之名，終爲贅物。高祖雖限期清屯歸軍，仍無結果。旗田爲清代優養隨從軍人之創制，實爲旗民之特殊財產。旗田之轄於內務府官者曰內務府官莊；撥付於宗室者曰宗室莊田；分散於各省者曰駐防官莊。內務官莊創於世祖順治元年，每莊佔地一千八百畝。莊丁十名，莊頭一名，多以前明皇田官田充入。又有近畿百姓帶地投求爲莊頭者，故有納銀莊頭之名。二十四年以後，規定每莊納銀之數曰「莊糧」。凡莊頭當差三十年不欠糧者，賞九品頂戴；五十不欠糧者，賞八品頂戴。莊糧以外，又有豆稭莊、稻莊、菜園、瓜園、蜜戶、葦戶、棉靛戶等類別，大都供給實物以備官用。又有禮部官莊、光祿寺官莊等，分隸於各衙門，皆不屬戶部，極類似前代之職田。

此外更有不定租額之官莊，曰半分莊，皆係隨時分益，滿洲佃農多沿用此制。宗室莊田，純爲防止漢滿雜居之圈地制度。順治元年，世祖諭戶部曰：

「近京各州縣無主荒田，及前明皇親駙馬公侯伯內監歿於寇亂者，無主荒田甚多，……如本主尚存及有子弟者量口給與，其餘盡分給東來諸王勳臣兵丁人等。」

其方法係先將州縣大小定用地多寡，使滿洲人自住一方，而後以察出無主之地，與有主之地互相兌換。於是則民間永業隨時皆有被圈可能，致廬舍田園，頓非世故，且有遷徙之勞，民間極感不便。順治二年，雖有准民舊墳在滿洲民地內可以隨時祭掃，及四年准圈地以內之集坊仍留貿易之令，但仍不能綏和民氣，抗命械鬥之爭，月必數起，迄順治十年，始停止圈撥民間房地。康熙五十四年，停止指圈民地，撥給莊頭地畝，由是民得安其居樂其業，不爲補換兌給遷　所困。駐防莊田，係清代優遇旗民駐軍在外省者。當時辦法，一爲撥地，一爲支糧，除江浙駐軍照經制支糧外，其他各處則多撥給園地，兵丁每名約三十畝，官員則無定額，視其駐防地人烟稠密酌配。撥田凡在六十畝以下者，戶部有權自由處理，六十畝以上者須候旨定奪。

屬於官田者，尚有學田。原係專供貧生學膳之用。順治元年，曾通令各省覈實貧生數目動支糧米，實爲當時貧乏學生極大之補助。其田賦仍寄於州縣田賦之中，每歲佃耕收租以待學政撤發，額內有山、塘、園、蕩，但統名之曰田。所收有銀有錢有糧，而統名之曰租。據乾隆十八年統計天下學田有一萬一千五百八十六頃有奇。

其民賦田，即係原有民田，除完糧契稅外，政府並不過問，此所以民間自詡爲老業者。更名田則爲明代藩地賦給人民者，只更佃戶之名，故曰更名田。世祖減畝諭有云：「前明廢藩更名，當時爲藩封之產，不納課糧，召人承辦輸租，止更姓名，無庸過割，謂之更名地。」至田賦征科極為不均，當另於下節詳述之。

井田限田之試行　清代田制有足供研究者，則為試行井田與限田，雖結果不佳，而改革田制之動向，由茲可見。世宗雍正二年，從御史塞德之請，在直隸新城縣撥地一百六十頃，固定縣撥地一百二十五頃為井田範模區。挑選八旗戶之無業者前往耕種。十六歲以上六十歲以下各給田百畝，周圍八分為私田，中為公田。公田之穀，俟三年後征收。又於耕地所餘，設立村莊廬舍。五年，修正前議，令將八旗滿蒙欠糧戶及犯法革退官兵發往井田，名為「開戶」。戶給田三十畝，銀十五兩。五戶共給牛三頭，交與管理井田官員約束。如開戶犯法，給與良善之戶為佃丁，但不得擅賣。七年，又於順天之薊州及永清縣劃地試行。初，開戶之怙惡生事者，有咨回加倍治罪之議，由雍正迄於乾隆試行十年之中，因犯畝而咨回開戶達九十餘人。廷臣覺新制不便，遂下令地方確查實力耕種者，改為屯戶，向附近州縣按畝納稅，於是改屯之田達一百五十四頃九十餘畝，而井田之議亦寢。蓋開戶原為欠糧戶及犯法革退官兵，其日常生活自不能安其本分，今期其守望相助，疾病相扶持，復行古制，豈可得乎？此其失敗之重要原因。雍正之世，從漕督顧琮之議，試行限田法於淮安府，每人三十頃。大臣尹繼善以為不可，與琮對辯於朝庭曰：

「爾以三十頃為限，則未至三十頃者原可置買，即已至三十頃者，分之兄弟子孫，每人名下不過數頃，未嘗不可置買，何損於富民？何益於貧民？況一立限田之法，若不查問，仍屬有名無實，必須戶戶查對，人人審問，其為滋擾，不可勝言。」

故限田之法行不久而亦廢。

太平天國田制　太平天國之歷史過程，雖爲時甚短，但革命背景之偉大，不可忽視，其田制之改革，尤爲時代之重要產物。依土質分田爲九等，曰上上田，每畝年產穀千二百觔，上中千一百觔，上下一千觔，中上九百觔，中中八百觔，中下七百觔，下上六百觔，下中五百觔，下下四百觔。分田方法略異前代，不論男女一律受田，僅以年齡爲等級，而不以年齡爲界限。十六歲以上者所受之田，較十五歲以下者多一半，如十六歲以上分田一畝，則十五歲以下者爲五分。受田品級無定制，係參照實際多寡比例勻分，一家之中如有六人，則上上與下下之田互相參受。據洪秀全詔書云：

「凡天下田天下人同耕，此處不足則遷彼處，彼處不足則遷此處。」

又云：

「凡天下田豐荒相通，有田同耕，有飯同食，有衣同穿，有錢同使，則無處不均勻，無人不飽煖」。

其農村組織亦極合理想，凡二十五家設國庫一，禮拜堂一，兩司馬居之。二十五家所有婚娶，彌月、喜事、喪事，俱用國庫，但有限式，不得多用。大都皆給錢一千穀一百觔，通天下爲一式。如二十五家之中互相有爭訟，則訴兩司馬，不服，則訴卒長，旅帥，師帥，軍帥。當收成時，兩司馬督伍長，除足其二十五家每人所食可接新穀外，餘則概歸國庫。民間麥、豆、布、帛、絲、蔴、雞、犬、銀錢之數，亦皆由司馬記存於簿，以備查考。

清初賦制之沿襲　清人入關，對於明季加派之弊，不能立時改革，遇事因循，沿襲萬曆賦冊，蓋其時宮闕灰燼，百度廢弛，明季賦額屢增，而籍册皆毀，惟萬曆時故籍獨存，遂用萬曆賦册。朝臣有欲重訂新册者，范文程力爭不可，曰：「卽以此爲額，猶恐病民，豈可更求？」乃悉照萬曆年間則例征收，而崇禎、天啓諸加派者，盡行蠲免，民獲甦息。但萬曆籍册實未必能適用於淸初也。順治東華錄引十四年十二月諭戶部：「錢糧則例，盡照明萬曆年間。其天啓、崇禎時加增，悉行蠲免。」特命戶部侍郎王宏祚將各額定征收實數，編撰成帙，詳稽法牘，參酌時宜。凡有參次遺漏，予以駁正。而民差則按田均派，與排門册對驗，又啓詭寄之門。富豪之家，田連阡陌，不應役差，奸猾百姓將田畝詭寄紳衿貢監戶下，希圖免役。夫旣依萬曆籍册，則役錢已在一條鞭之中，今乃又以役從田，是因循之矛盾也。

地丁制度之創　地丁制度之實質，與唐之兩稅，明之一條鞭，不無類似。據康熙錄載：

「戶部議准，給事中吳國龍奏，直隸各省解京各項錢糧，自順治元年起，總歸戶部。請自康熙三年爲始，一應雜項，俱稱地丁錢糧，作十分考成。以每州縣上中地正雜本折錢糧，開列總數，刊成定式。於開征前給花戶，盡除別項色目。」

故就地丁意義而言，固亦兩稅之「租庸雜調悉省」。亦卽如一條鞭之「凡額辦、派辦、京庫、歲需、與存留供應諸費之悉併爲一條」所謂地丁合一者，實卽「兩稅」與「一條鞭」之再度實施也。

明初力役出於田，田一頃出丁夫一人。此乃按田出丁，其後出銀。明之銀差有二，初行里甲時，富民出財，貧者出力，所謂銀力從便，故丁有銀差。正統以後，舉丁糧上供之數，按丁糧而均征之。於是丁糧皆有銀差之科派，而不問出力與否。其後上供者雖官爲支解，而公私所需，復給銀責里長營辦，給不一二，供者什百，於是混丁入地而行一條鞭法。究其實際，厥有丁銀，而差役終難盡廢，清初襲用萬曆舊册，依一條鞭之額，而實則役從田辦。丁糧自丁糧，田糧自田糧，而因田起役，仍不能廢分丁糧與力役為兩事，此殆明季視丁銀為賦而非役之意義也。因田起役，乃一般常法，但人戶有消長，田畝有盈縮。則役隨田轉，勞逸適均。田多者獨充一名，田少者串充一名。力不勞而事易集。當時蘇松二府，名為僉報殷實，不稽田畝。田歸不役之家，役累無田之戶，以致貧民逃徙。又有細民置產，懼差徭之累，立券書，詭寄紳士門下，藉以蔭庇 而錢糧則自輸納。年月既遠，豪强者奪其田，細民愚弱不敢較。即有訟於官者，官皆據券書姓名為證，細民反以無證受罪。是亦差役之病也。

康熙五十年詔云：

「朕覽各省督撫編審人丁數目，並未將加增之數，盡行開報 今海宇承平已久，戶口日繁。若按現在人丁加征錢糧，實有不可。人丁雖增，地畝並未加廣。應令直省督撫，將見今册內，有名丁數，勿增勿減，永為定額。自後所生人丁，不必征收錢糧。編審時，止將增出實數察明，另造清册奏報。」

翌年又詔云：

「海內承平日久，戶口日繁。地畝並未加廣，宜施曠大之恩，共享恬熙之樂。嗣後直隸各地方官，遇編審之期，只將實數另造清册奏聞。其征收錢糧，但照康熙五十年丁册，定為常額，續生人丁，永不加賦。」

蓋在一條鞭以前，役原隨田辦；一條鞭實施以後，役已統一於丁銀。及其弊也，而丁銀之外，復有力役。然明之丁銀，原有十年一編審之例，其數字並非固定者可比，及於清世，則已定一丁銀總額，以固定之數字，攤之於地也。一條鞭亦係攤丁入地，而丁糧則因十年一編審之故略有變動。地丁合一之制，則始以固定之丁糧，攤之於地糧。至於丁糧本爲力役，丁入地而力役不廢，則後來之弊，兩者均同。

自康熙五十年，固定丁糧之後，御史董之燧主張統計丁銀，按畝均派，部議不便而止。然舍此實無其他長策。故廣東、四川先試行之。雍正元年，直隸行之；二年，山西行之；三年，山東行之，五年，始通行全國。李紱論之曰：

「賦以田科，役由戶別，力役之征舊矣。周禮制役之法，在以地之媺惡，辨以國野之遠近，均以歲之上下，而實則以家爲率也。漢唐以來，名稍更而實同，名錯出，則吏易緣爲姦。自明定條鞭之法，然後名簡而弊清。而地媺惡、國野遠近、歲上下之別，則後世無聞焉。我國家愛民如子，恐民力不濟，貧戶丁錢，不能時輸。乃酌盈劑虛，視地緩急，稍匀丁於地，以救民困。蓋天下有貧丁，無貧地，役科於田，則地與國野與歲之別，在其中矣。雍正初元，畿輔丁役，悉均於糧，於是力役之征，下丁勿擾，視條鞭之法，愈益簡明矣。」

王慶雲論之曰：

「唐楊炎倂租庸調爲兩稅，而丁口之庸錢倂入焉。明嘉靖後，行一條鞭法，均徭里甲，與兩稅爲一。丁隨地起，非權輿於今日也。我朝丁徭素薄，自康熙五十年定丁額之後，滋生者皆無賦之丁，惟均之於田，可以無額外之多取，而催科易集。其派丁多者，必田多者也。派丁少者，亦必有田者也。保甲無藏匿，里長不逃亡，貧窮免敲扑，一舉而數善備焉。所不便者，獨家止數丁，而田連阡陌者耳。」

可知兩稅立而丁役合於租庸。兩稅之後，丁役仍不免。一條鞭立而丁役合於兩稅，條鞭之後，丁役仍不免。地丁立丁錢均入田稅，地丁之後，力役猶存。然則地丁之制，亦無非使國家之歲入，獨着重於田賦，而終爲因陋就簡之制度耳。

丁糧雖以康熙五十年爲固定之數，但嗣後所生人丁，仍須造册具報，目爲盛世滋生。迄於乾隆三十七年，又廢五年編審之例，認爲造册係沿襲虛文，永行停止。故丁口無册，始於是矣。

田賦用銀之利弊　明時田賦，大體均已用銀，而細民亦有爲用銀所困。顧亭林論錢糧曰：

「往在山東，見登萊濱海之民，多言穀賤，處山僻不得銀以輸官。今來關中，自鄠以西，至於岐下，則歲甚登，穀甚多，而民且相率賣其妻子。至征糧之日，則村民畢出，謂之人市。問其長吏，則曰，一縣之鬻於軍營而請印者，歲近千人。其逃亡或自盡者，又不知凡幾也。何以故？則有穀而無銀也。所獲非所輸，所求非所出也。夫銀，非從天而降，中國之銀在民間者，既歲耗而月消。況山僻之邦，商賈絕跡，雖竭鞭撻之力以求之，亦安所得哉？故穀「賤而民日窮，民日窮而賦日拙。逋欠則年多一年，人丁則歲減一歲。率此而不復，將不知其所終矣。」

又謂征用本色則貪官不得捆載以去，可以防貪。然大勢所趨，本色論已不合時宜，例如兵米一項，有司給與本色，而營弁以不能折色給價爲憾，蓋以其笨重而還人厭也。康熙二十九年雲南額征米麥，經撫臣石琳題定，使不需糧處，變米爲銀，免滋朽蠹，本色論已漸放棄。乾隆元年詔曰：

「朕聞永平府屬州縣，凡征收錢糧，皆以錢作銀。今該處錢價昂貴，民間納錢，比之納銀，為費較重。朕思民間完納錢糧，銀數在一錢以下者，向例銀錢聽其並用，原以便民。若數在一錢以上，又在錢價昂貴之時，亦令交錢，轉至多費。」是征糧額在一錢以上，必須用銀，已成先例矣。乾隆五十年，御史富森阿條陳民間征收地丁，請免收本色，以準錢糧，以代採買。朝臣皆以為不可，且明令斥責曰：

「條陳各款，言似是，而於事皆斷不可行。……不特更張煩擾，且地有肥磽，米有貴賤，一鄉一邑，已各不齊。又何所折衷，作為定例？轉啓官吏抑勒侵漁等弊，況各省地丁錢糧，不下千餘萬兩，若盡以易米，堆積既多，陳陳相因，必致紅朽。此其事之斷不可行者也。」時賢既主用銀，而用銀之弊，亦隨之發生。所謂「火耗」「平餘」「重戥」者，皆浮收以困民者也。按「火耗」之名，自明已有之。因由本色變而折銀，解部之成色有定，鎔銷之際，不無折耗，於是州縣征收此款，不得不稍事取盈，以補其折耗之數，亦猶糧米之有耗米。其後流弊滋甚，州縣重斂於民，上司苛索於州縣，一遇公事，加派私征，皆以「火耗」為名，未歸於公而私先朋分其款。顧亭林論之曰：

「火耗之得名，其起於征銀之代乎？此所謂正賦十而餘賦三者與？此所謂國中飽而姦吏富者與？原夫火耗之所生，以州縣之賦繁矣。戶戶而收之，銖銖而納之，不可以瑣細而上諸司府。是不得不有資於火；有火，則有耗。所謂耗者，特百分之一二而已。有賤丈夫焉，藉火耗之名為巧取之術。此法相傳，官重一官，代重一代。於是官取其贏什二三，而民以十三輸國之十；里胥之輩又取其贏十一二，而民以十五輸國之十。解之藩司，謂之羨餘。貢之節度，謂之常例。責之以不得不爲，護之以不可破；而生民之困，未有甚於此時者也。」
各省火耗皆極繁重，山西各州縣，每兩收銀有加至三錢四錢不等者，民生甚爲艱難。雍正元年正月，頒諭布政司謂：「今錢糧火耗，日漸加重。重者加至每兩四五錢，民脂民膏，朘削何堪？嗣後斷宜禁止。」翌年，山西巡撫諾岷奏請提解火耗歸公，上諭許之。旨云：

「州縣火耗，原非應有之項，但通省公費各官養廉，有不得不取給於此者，朕非不願天下州縣，絲毫不取於民，而其勢有所不能。且歷來火耗皆在州縣，而加派橫征，侵蝕國帑，虧空之數不下數百餘萬；由於州縣征收火耗分送上司，各上司日用之資皆取給於州縣，以致耗羨之外，種種餽送，名目繁多。故州縣有所藉口，亦肆其貪婪，上司有所瞻徇，而不肯參奏。此從來之積弊所當剔除者也。與其州縣存火耗以養上司，何如上司撥火耗以養州縣？見今州縣征收錢糧，皆百姓實封投櫃，其折封起解時，同城官公同驗看，耗餘與正項同解，分毫不得入私。則州縣皆知耗羨無益於己，孰肯額外加征？是提解火耗，既給上下養廉之資，而且留虧補空，有益於國。」

自山西提解火耗以後，各省亦皆次第實行，火耗遂成附加稅之定制矣。清初，對於火耗之征，屢有厲禁。順治元年令曰：「官吏征收錢糧私加火耗者，以贓論。」康熙四年又有額外科征許民控告之律；十七年有尅取火耗上司徇隱之律；禁令非不嚴也。禁之而不能，則示意而爲之限；限之不能，則明定其額而歸之公；此後附加日重之所由來也。火耗之外，更有平餘。乾隆二年，碩色爲四川巡撫，疏言川省陋例相沿，火耗羨餘之外，銀百兩提解六錢，名曰平餘，充各衙門用。上諭曰：

「川省耗羨，向因公用不敷，每兩完銀二錢五分，朕御極以來，減去一分，止存一五之數。

今據碩色之奏，不勝駭異。火耗報官，原以杜貪官汚吏之風。若耗外復聽其提解，豈非小民又添一交納之項乎？……向來四川火耗，較他省為重，已諭陸續裁減。今聞該省不肖有司，巧為營私之計，將戥頭暗中加重，有每兩加至一錢有餘者。彼收糧之書吏，傾銷之銀匠，又從而侵漁之，則小民受剝削之累不小，川省如此，他省可知。着各省巡撫轉飭布政司，遵照征收錢糧之天平法馬，制成劃一之戥，飭各州縣確實遵行。」

於是不合法而額外征收之平餘，經提解歸公後，一變而為法律定規提解之平餘。後雖以平餘存貯本省藩庫，而征收平餘之基本原則並未推翻。至重戥之弊，尚為用銀之小焉者也。

火耗平餘之征，雖為清代糧政之秕策，究與田賦用銀不無關係。各省州縣，均恃征收餘潤以為辦公，佐貳教職，亦藉此津貼。不能養其廉，即不能懲其貪，故清代吏治終無起色。

田賦附加之沿革　田賦附加稅之始，或以為自漢靈帝斂天下田畝十錢以修宮室，實則斂十錢乃臨時以田賦為籌款之標準，而非另附固定之稅於田賦。明代之加派，更苛於宋代之支移，而清代咸豐初年之按糧隨征津貼，則又更甚於加派也。自康熙五十年固定丁額以後，併丁銀於地糧，於是無地之丁，不輸丁稅，田賦正稅，遂永遠不增加。其後歷朝懍遵祖制，不敢或違。正稅既不能增，於是附加稅遂層出不窮，終至超過正稅十餘倍乃至二十餘倍以上。雍正之火耗，乾隆之平餘，嘉道間之漕折，皆類似附加稅也。火耗平餘之征解，前節曾詳言之，茲再補述漕折之意義。嘉慶道光年間，各省漕糧多收折色，每石所折數目，各省並不劃一，更有折銀折錢之別。蓋向來漕米之收，公然唱籌，計數七折八扣，而淋尖、踢斛、捉豬、（倉役格外取米數石入倉，鄉民拒之，輒吼如豬，故曰捉豬。）樣盤、貼米等費在其外。又有水脚費、花戶費、灰印費、篩颺費、廒門費、廒差費合計之，則二石四五斗當一石。至於運京之際，雖官給運丁工食，而船隻南回，准營私貨，河道時有訛詐，此運納之際又有黑暗也。逮擲之後，計每石所需運費，直三十兩以上，實爲極大之漏卮。故鄭觀應停漕議曰：

「夫南漕自催征科調督運驗收，歷時半載，行路數千里。竭萬姓無數之脂膏，養吏胥無數之蠹賊，糜國家無數之開銷，艱難險阻，僅而得達到京師。每石之值，約需三十兩以上。而其歸宿，乃爲每石易銀一兩之用。冗官蠹吏中飽，相沿不改，此其可爲長太息者也。」

基於以上漕糧秕政，而有清賢改折漕米之議。康熙、雍正、乾隆之間，雖局部因傷災有改折者，計臣多予駁斥。迨洪楊役起，運道梗阻。咸豐三年，乃命有漕地方，隨地抵支銀兩，每石折價一兩。翌年諭曰：

「蘇省漕糧，爲京廒支收大宗，原不准概行折色。今據該撫等瀝陳辦漕棘手情形，不能不量爲變通。惟折漕銀兩，爲採辦米糧之用，所除折色銀兩，仍應遞解部庫，不得以軍需藉口截留。」

是折色已見諸明令矣。

以上所舉火耗、平餘、漕折三者，不過爲田賦附加稅之濫觴，而非直接之田賦附加，咸豐初年、按糧隨征津貼，是爲附加之發端。其時太平天國發難，各省籌餉不易，四川首辦按糧隨征津貼，每田賦銀一兩，隨之加征一兩。初則爲臨時征收，後以軍備有增無減，遂爲常賦。同治元年，石達開竄川，軍需異常急迫，總督駱秉璋奏請加征捐輸。酌量民力，較以歲入豐歉，預定總額，按糧賦多寡攤派分配於各縣，隨糧征收，每地丁一兩，有輸二三兩至八九兩者。不曰加賦，而曰捐輸。爲副人民利祿之願起見，或予以議敍，或廣文武科中額學額，以爲提倡。僅以川省而論，年輸一百八十餘萬兩左右，計約三倍於地丁之數。

光緒中年，舉辦新政爲名，各省多自由籌款，皆以田賦附加爲羅掘之目標。所謂「警學畝捐」、「加收「警學經費」、「規復丁漕征價」、「丁漕加捐」、「地丁改錢征收」、「酌復錢糧舊價」、「加收糧捐」、「新加糧捐」、「新加三成糧捐」、「規復差錢」、「加收羨耗」、「隨糧捐收團費」等項皆爲當時附加之名稱。清廷聽任各省自籌，故稅率用途及征收方法，亦各互異。江西地丁，於正款耗羨外，起運項下，每兩另征公費五分，提補捐款一錢，練兵經費四分，學堂經費四分，其錢價平餘，則隨所解銀之多寡而定。征收方法，向係征錢解銀，地丁每兩征銀一兩五錢；內分正銀一兩，耗銀一錢，提補捐款一錢，藩司公費一分，府公費一分，縣公費二錢四分，（傾鎔火耗在內，捐提亦在內。）故正稅與附稅之比，爲一比〇．五。江西米折，於正款雜款外，每石另征糧公費二分，提補捐款二錢，府公費五分，練兵經費五分，學堂經費五分。正稅以每石一兩三錢折解，而附加稅之可考者則爲三錢七分，其一三副米、脚耗米、脚耗銀皆不在內。浙江之地丁，自光緒二十八年起，加征糧捐，計每地丁一兩，連糧捐在內，折合制錢二千二百四十三文至二千八百文不等。迄於宣統，則附加更重，正款之外，有雜款、地丁、脚耗，帶征茶稅、船稅、漁課，又有隨漕耗銀、地丁耗銀、兵折耗銀，而名爲正式附加者，則有糧捐、串捐兩種，其實雜款、耗羨、派解、捐提等項無一非附加之征。此皆始按糧隨征津貼，苛繁百出，以累萬姓耳。

民食政策概述　清承明末大亂之後，又以異族入主中原，戰事綿延，殺戮甚慘。人民流離，田土荒蕪，糧產減少，自爲必然之結果。故清初卽重開墾。康熙十二年詔曰：

「自古國家久安長治之模，莫不以足民爲首，務必使田野盡闢，蓋藏有餘，而又取之不盡其力，然後民氣和樂，聿成豐亨，豫大之休。現行墾荒定例，俱限六十起科。小民拮据，開荒力物艱難，恐催科期迫，反致失業。嗣後各省開墾荒地，俱再加寬限，通計十年，方行起科。」

雍正間，曾兩下開墾之詔，凡地方官能招徠逃民，不論是否原籍，編入保甲，給以印信執照，永准爲業。三年後視察成熟畝數，奏准征糧，不得預征私派，以勸墾成績之優劣，爲官吏考成之標準。順治十五年，明定督撫一年內開墾荒田二千至八千頃以上、道府開墾一千至六千頃以上、州縣開墾百頃至六百項以上、衞所開墾五十頃至二百頃以上者，得分別議敍。又凡一年以內全無開墾者題參。已墾而復荒者，削去因開墾所得之加級紀錄，仍限一年督令開墾。當時官吏爭以開墾爲功，藉圖倖進。竟有揑報墾熟田畝之數，分攤田賦於衆戶。實則田不加闢而賦日增，民怨咨嗟。康熙四年，乃停限年開墾之令。勸墾之田數，須取具里老無賠累荒地甘結到部，方準以議敍，所以杜官吏揑報要功之弊。但仍有以少報多者，及至升科之年，按冊有餘，按畝不足。乃又於康熙十三年詔曰：

「各省勸令開墾荒地，廣種農作，以資食用。俾無曠土游民，原係良法美意。然必實力奉行，毫無粉飾，俾地方實有開墾之田，民間實受耕穫之利，以此造報升科，方於國計民生，有所裨益。乃見題報墾者，其中多有未實，或欲以廣墾見長；或欲以升科之多，迎合上司之意。其實並未開墾，不過將升科錢糧，飛灑於現在地畝之中，名爲開荒，實則加賦。非徒無益於地方，而實貽害於百姓。嗣後凡開墾畝數，務必詳加考覈，實係墾荒然後具奏。」

對於從事開墾之工監生員等，亦有奬勵之法。凡墾地二十頃以上試其文義通順者，以縣丞用。不能通曉者，以百總用。一百頃以上文義通順者，以知縣用，不能通曉者，以守備用。乾隆三十年，定官員捐墾荒地議敍之例。凡本省文武官員捐給牛種，招墾荒地十頃，捐銀一百兩者，准其紀錄一次。墾四十頃，捐銀四百兩者，准隨帶加一級。多捐者計算增加。

除上述之奬勵開墾事業外，對於節約消費及務農勸耕亦極重視。世宗時，因閩廣被水歉收，米價漸貴，乃詔天下曰：

「……夫米穀爲養生之寶，旣賴以之生，則當加意愛惜，而不可存輕棄之心。且資之者衆，尤當隨時撙節，不可縱口腹之慾。每人能省一勺，在我不覺其少，而積少成多，便可多養數人。若人人如此，所積豈不更多，所養豈不更衆乎？」

又指示人民節食之效益曰：

「養生家以食少爲要訣，固所以頤神善和，亦所以節用惜福也。況脾主於信，習慣便成自然。每見食少之人，其精神氣體，未嘗不壯，此顯而可見者」。

至其務農勸耕之設施，亦較前代爲周密，天子親耕皇后飼蠶之舉，盛行於康熙乾隆之際。仲春亥日，皇帝躬耕耤田，王三人、卿九人從耕。帝所用耒耜及鞭，皆爲黃色，以黃犢駕耒。王卿所用皆朱色，以黝牛駕耒。帝播稻種，王卿播麥菽黍種。儀式極爲隆重。至耤田處，戶部尚書進耒，順天府尹進鞭。帝右秉耒，左執鞭，耆老二人牽犢，上農夫二人扶犁，順天府丞持藏穀種青箱，戶部侍郎播種，三推三返。雖收穫量有限，但獎農勸耕之義極重，與紙上提倡重農，不可同日而語也。雍正二年，令各省督撫以下，皆有課農之責，應不時咨訪疾苦，爲農除害。又飭各省歲舉老農中勤勞儉樸身無過犯者一人，給以八品頂戴榮身。蓋以爲農民勤勞作苦，手胼足胝，以供租賦，養父母，育妻子，雖榮寵非其所慕，而獎賞要當有加也。

清初定低田種稻、黍、秫、穄、麻，高阜種粟、穀，令民隨地種植，以補耕穫。踩踏入田禾者，公王亦須賠償；私伐他人樹木者，照律治罪。皆所以重農事也。又舍旁田畔及荒山不可耕種之處，度量土宜，種植樹木。以桑柘飼蠶，棗栗佐食，柏桐資用，榛楛雜木供炊爨，令有司課令種植，嚴禁非時之斧斤，牛羊之踐踏，姦徒之盜竊。乾隆三年，河南一省能就土性所宜，植桑、柘、榆、柳、棗、梨、桃、杏一百九十一萬餘株，乃令他省仿行，頗著成績。

畜牧亦爲農家副業，世宗於注重種植之外，勸令孳養牲畜。對於保護耕牛，尤爲周至。盜牛一隻，枷號一月，杖八十。盜牛十隻以上，罪至絞監候。其盜宰耕牛者，罪更重，地方官吏亦須連帶受嚴重之處分。據乾隆五十三年修訂之律例載：

「凡宰殺耕牛，私開圈店，及販賣與宰殺之人，初犯俱枷號兩月，杖一百。若計隻重於本罪者，照盜耕牛例治罪，免刺，罪止杖一百，流三千里。再犯，發附近充軍。」

「地方私宰耕牛，該管官不行查拏，將該州縣照失察宰殺馬匹例：一二隻者罰俸三月，三四隻者罰俸六月，五隻以上者罰俸九月，十隻以上者罰一年，三十隻以上者降一級留任。」

此皆爲重農勸耕之政績者也。順治之世，復有結社助耕辦法：凡鄉民二三十家或四五十家聚居者，設立里社，遇農時有死喪疾病者，協力助耕。蓋本疾病相扶持之遺意，較消極之勸耕更進步矣。

屯田與軍糧　清代屯田，始於甘肅安西一帶，迤邐而西，及於哈密清河，遍於天下北路。旋又發展迄於南路吐魯番等地，此皆爲戍兵解決糧食問題。乾隆二十五年，逐漸開拓，直通伊犂。屯墾者俱爲漢滿兵丁及充軍人犯。每名給田二十畝至二十五畝，由公發給農具籽種口糧，並訂獎懲辦法。凡伊犂兵每名收穫至十八石者，官議敍，兵丁賞給一月鹽菜銀兩，收穫至二十八石者，各加倍獎賞，十五石以下者議處。烏魯木齊，則爲十五石、二十五石、十二石以上及不及十石四等，其獎罰與伊犂兵同。塔城、烏什比照伊犂；焉耆、鎭西比照烏魯木齊。乾隆四十三年，准伊犂屯田兵丁攜眷居住，與烏魯木齊等處屯兵一律，以期一勞永逸。嘉慶四年，伊犂存糧達三十六萬餘石，乃就原屯綠營兵丁內，以一千八百名耕田，一千二百名操練。至嘉慶二十五年，伊犂屯兵種地，滿營四萬四千畝，商民墾地三萬九千餘畝，戶民三千三十畝，綠營兵分戶子弟三千四百二十畝。塔爾巴哈屯兵種地一萬四千畝，烏什五千畝，吐魯番一萬四千七百畝。至光緒九年，左宗棠重定回疆，設置新疆省。每年兵餉七百餘萬兩，各省協濟頗形竭蹶，乃就天山南北路，再興屯墾，故屯田之數大增。

東三省屯田，始於嘉慶十九年，先就閒散旗人內，挑選屯丁一千八，試墾於吉林，每丁給銀二十五兩，籽種二石，荒地三十頃。拉林、阿城、松花江一帶，沃土雲連，灌溉便利，農產極盛。旋又開屯於大凌河、錦縣等處，田野日闢。光緒年間，始設行省，而直魯移民日衆，方全部開放。計自順治十八年至乾隆三十一年止，因屯墾而增加之畝數爲八十萬頃。初無非爲戍兵之餉糈，後以商賈小販，紛往就之，亦各耕種以食，致田野日闢，農產激增，不僅兵食無闕，於整個之民食政策，亦有莫大之裨益。蓋當時人口增加，而倉儲之穀量減少，不設法屯墾荒地，則糧食問題更趨嚴重。

漕運之積弊　清都北京，官俸民食所資，皆以歲漕東南之糧接濟，年需米四百萬石。若漕運偶愆，京畿民倉，卽生恐慌。漕糧有正兌、改兌、及白糧之別。運京儲存者爲正兌，儲於通州者爲改兌，白糧爲粳糯二米，分儲於京通各倉。有漕省份爲山東、河南、江蘇、安徽、江西、浙江、湖北、湖南、而負担白糧者則僅蘇州、松江、太湖、常州、嘉興、湖州六屬。茲將各省正兌改兌漕糧負担列表於後：

正兌漕糧（單位：石）

省別	原定額	嘉慶十七年奏定數	光緒十三年奏定數
山東	二八〇、〇〇〇	八三、二五九	一六一、五四九
河南	二七〇、〇〇〇	九、二五七	二四、三三六
江蘇	一、一一三、〇〇〇	一、〇一五、九一八	八五〇、八五七
安徽	三八七、〇〇〇	二九〇、四六五	一六五、五六九
江西	四〇〇、〇〇〇	三五一、六八四	五〇一、七一五
浙江	六〇〇、〇〇〇	六二一、四七四	五八四、九九八
湖北	一二二、九四三	九三、六七六	九四、一八八
湖南	一二七、〇五七	九五、五四六	九五、四八三
共計	三、三〇〇、〇〇〇	二、五六一、二七九	二、四七八、六九五

附註：光緒十三年所奏准正兌之數，乃爲已除去永折米，改征黑豆米，並節年荒缺開豁報升不足之額。

改兌漕糧

省別	原定額	嘉慶十七年定額	光緒十三年定額
山東	九五、六〇〇	四二、九〇三	七八、二三三
河南	一一〇、〇〇〇	九、五四六	一五、〇五〇
江蘇	九三、九五〇	八八、三七六	一三一、八四九
安徽	二〇〇、四五〇	一〇四、五〇一	一八、一五二
江西	一七〇、〇〇〇	一五一、八八二	
浙江	三〇、〇〇〇	二九、三五三	二九、三六六
共計	七〇〇、〇〇〇	四二六、五六一	二七二、六五一

附註：光緒十三年所定江西正兌之額，即包括改兌額，故改兌漕糧表未列入。

此外尚有麥豆永折漕糧及灰石改兌等類，爲數無多，故從略。各省所征之糧，除有漕省份漕運京通諸倉外，餘則大多留供本省之用。乾隆三十一年，戶部所奏天下民田頃數，與征糧漕運留用數，似可作爲統計數字之根據。蓋當時正海內安然，民豐物阜，較爲可靠耳。茲列表於後：

省別	民田頃數	征糧石數		田賦銀兩
		本省留用	歲漕京師	
直隸	七八二、三四四	九五、二一九	無	二、四六三、七〇八
奉天	二七、五二五	七六、九四四	無	四五、五四四
江蘇	六五九、八一七	三二二、八五〇	一、七六二、六〇一	三、五二五、二三六
安徽	三六四、六八一	一六八、三八〇	五二五、九三六	一、〇七七、一二三
山西	五三五、四八一	一二三、五四六	無	三、六〇九、三二五
山東	九六七、一四〇	一五八、一八八	三四七、九〇七	三、三三二、八七九
河南	七三一、七三六	二九、一三六	一七三、一七七	三、二三二、二一六
陝西	二五九、五七九	三一、九四八	無	一、五五五、五一三
甘肅	二三六、三三一	四二一、七四六	無	二八七、四八六
浙江	四六二、四〇〇	五四五、〇一六	九四一、六八四	二、八二一、四八三
江西	四六一、〇〇六	一二九、五二六	七七〇、三一〇	一、九三九、一二六
湖北	五六八、四四四	一五四、一四一	一三二、三九六	一、一二一、〇四三
湖南	三一三、〇八三	一四四、一九六	一三三、七五三	一、一七八、三五七
四川	四六〇、〇七一	一三、四四〇	無	六六〇、八〇一
福建	一三八、〇四七	三一三、九一三	無	一、二七八、五七〇

廣東	三三六、九六三	三四八、一七四	無	一、二六〇、九三三
廣西	九九、七五二	一三〇、四二〇	無	三九一、三五二
雲南	八三、三六四	一六七、九三八	無	一〇五、七八四
貴州	二六、七三〇	一五五、二五〇	無	一二一、二八二
共計	七、四一四、四九五	三、五二九、九七〇	四、七八七、七三六	三〇、〇九八、七六一

規定繳納漕糧為米，但其成色好惡極難確立標準，尋疵索瘢，挑剔自易。承辦吏役，如虎似狼，藉口「天庾正供」為皇糧，百般需求，逆其意者，刑章隨之。糧戶無設辯之餘地，任其魚肉。州縣於收漕之時，浮收勒折；交漕之際，又須向漕運旗丁，交納每船三百兩之幫費，及各上司房錢，陋規極多。道光初年，兩江總督孫玉庭鑒於浮收之弊，欲八折收漕，幫費減半。朝臣以八折收漕，類似加賦，且收漕之弊，非八折所能有濟。八折實收，即為每石漕米增加二斗，揆其原意，以此二斗為浮收之限制，實則浮糜陋規，未能盡去也。戶部議之曰：

「運丁之疲乏，已屢經籌給津貼，無庸再議。惟州縣浮收積習難返。必任法而兼任人，方能遵行無弊。着各督撫及漕運總督，倉場侍郎，通飭所屬，杜絕浮收勒折，以清其源。裁革陋規，以遏其流。若有不肖州縣，陽事陰違，立即參辦；或運丁勒索州縣，沿途衙門勒索旗丁，一律從嚴究辦。」

此不過官樣文章，並無具體辦法，而勒折浮收未嘗稍減。宣宗批諭江蘇巡撫陶澍奏陳漕弊情形手摺，竟公然認為：「各州縣用度浩繁，不能不籍資津貼。」又謂：「各州縣稍有浮收，原非必藉以入己。」

是直爲官吏浮收而張目，此漕運之弊終不能革之最大原因。

地方官吏，既須繳納規費，不能短少，而大戶士紳具有勢力，不易侵欺，勢惟魚肉小民，以資取償。於正額之外，補以抵耗；上斛之際，又例須簽據。糧戶損失，已頗不貲，況又有對於米色百般挑剔，或謂惡劣不收，或謂潮濕不收，飭令更換。鄉民之道遠來自數十里者，一經退回往返，則損失更大，乃出納小費，央求收納。於過斛入廒，又受踢斛、零尖之損失。小民不得已而托庇大戶，以期倖免，生監人員，亦以包漕自任，從中漁利。上下交征，民固受損，官廩亦虧。胡林翼巡撫湖北時，曾詳析致弊之由，實可謂爲有漕各省之通病。其言曰：

「北漕南米，合征分解。其征收米石者，謂之本色。以錢折米者，謂之折色。其征收折色，多寡不同。有本色多於折色者，有折色多於本色者，有本色折色各半者，有全收折色者。每石折錢或五六千，或七八千，或十二三千，或十五六千，竟有多至十八九千者。其征收本色，每石浮收米或五六斗，或七八斗，或加倍收，竟有多至三石零者。此外又有耗米、水脚等項，分款另收。又有由單券票樣米號錢等名，多端需索。民力幾何，其能堪此。而州縣則有所藉口也。向來漕運到通時，不無津貼，方能折運入部，而丁船藉此需索兌費爲數甚鉅者，固無論已，即現在停運免兌，幫費可省。而糧道有漕規，本管府道有漕規，丞倅尹尉各官，俱有漕規。院署有房費，司署有房費，糧道署及本管府道署各書吏有房費，此冗費之在上者也。又有刁紳劣監；包攬完納，其零取於小戶者重，其整交於官倉者微，民謂之曰蝗虫。更有挾州縣浮勒之短，分州縣浮勒之微，一有不遂，相率告漕，甚或聚衆哄倉，名雖爲民請命，實則爲己求財，官謂之蝗虫費。種種蠹弊，盈千累百，無不取之於州縣。州縣旣多宂費，勢不能不向糧戶浮收。州縣旣有浮收，勢不能不受刁民挾制。於是大戶折色之價日減，小戶折色之價日增。土棍豪衿，多方抗欠，猾胥蠹役，從中侵欺。各州縣之勒折浮收，半皆耗於上下宂費之中。而國家正漕之供，往往征不足數，則相率揑報災歉，藉緩征為騰挪，而漕政因之日壞矣。」

糧旣起運，而旗丁騷擾勒索，沿途盜賣米石，以藥名「五虎下西川」者攙入米中，藥性發作，米卽膨脹，用彌盜米之缺。更賣米後自沉其船而報遇災者。種種積弊，至漕糧取消改行折色後，方為絕跡。

常平義社諸倉實況　明代僅設預備倉，而常平社義諸倉，不為常制。清軍入關後，兵馬倥偬，未暇計及民食。迄順治十一年，沂京地方，米價騰貴，有銀不能易米，乃勸諭殷實之家捐輸穀麥，以濟饑民。經此饑荒之後，方知積儲之重要，進而規復常平社義各倉，責成各道員稽察，為州縣舊積料理新儲各應行宜，呈由督撫每二年造册報部。令各州縣自理罰緩，春夏積銀，秋冬積穀，悉入常平倉備用。十七年定常平倉糶糴之法，嚴令各地方官整理常平倉，勸諭官紳士民，捐輸米穀，照例議敍。鄉村立社倉，市鎮立義倉。公舉本敦數重善良之人，出陳易新。十九年，以積穀原備境內凶荒，若撥解外郡，則未獲救濟之利，本地人民必將憚於從事，嗣後常平積穀，留本州縣備賑，義倉社倉積穀，留本村鎮備賑，永免協濟外郡，以為樂輸者勸。二十一年，察議各省辦理積貯，多有名鮮實，一遇水旱，仍未能接濟。遂再申實力辦理常平社義諸倉之詔。凡州縣有陞遷事故離任者照正項錢糧交代，如有短少，以虧空論罪。康熙時，州縣有司，惟恐穀貯過多，平時難於照料，離任時又難於交盤，乃視積貯為敷衍之舉。乾隆九年，各省米價昂貴，朝臣歸咎於常平買穀過多所致，遂有停買倉穀之令。翌年，以停買倉穀有失設立常平之旨，又令各省督撫酌量各地實際情形，向機處理。議定各省常平倉存穀標準額，計直隸二、一五四、五二四石；盛京一、二〇〇、〇〇〇石；山東二、九五九、三八六石；山西一、三一五、八三七石；河南二、三一〇、九九九石；江蘇一、五二八、〇〇〇石；安徽一、八八四、〇〇〇石；江西一、三七〇、七一三石；浙江二、八〇〇、〇〇〇石；湖北五二〇、九三五石；湖南七〇二、一三三石；四川一、〇二九、八〇〇石；廣西一、二七四、三七八石；雲南七〇一、五〇〇石；陝西二、七三三、〇一〇石；甘肅三、二八〇、〇〇〇石；福建二、五六六、四四九石；廣東二、九五三、六六一石：貴州五〇七、〇一〇石。共計三三、七九二、三三五石。此次重行規定穀額之故，亦緣於米價日增。不過自直隸迄於廣西等十三省之額，皆係依照雍正年間舊額，惟雲南地處極邊，不近水次。西安甘肅沿邊積儲，兼備軍糈。雍正時，倉儲多寡無定，乃依乾隆十三年以前現額為準。福建環山帶海，商販不通。廣東嶺海交錯，產穀無幾。貴州跬步皆山，不通舟楫，倉儲宜稍充裕，故卽以當時現存穀數為定額。

各省常平儲穀雖有定額，然官吏因循玩視，不為先事預計，往往臨時邀恩截漕，藉為常例。自乾隆十八年至二十七年中，各省截留漕米五百四十餘萬石，平糶米四十六萬餘石，京通兩倉，積儲缺之。安徽巡撫託庸請速籌補常平倉穀，高宗以為不必行，且詔曰：

「陳編所載餘三餘一之文，固為足食本計；第在當時，原屬地曠人稀，又列國各守其封域，持籌者可以隨宜措置。以今幅員之廣，生齒之繁，歲卽屬豐，而三農生穀，祇有此數。採購於官庾，捐輸於紳士，條款雖殊，其為地方所產則一。與其輾轉挹注，名異實同，又何如卽以此留之民間，俾饔飧倍為饒給乎？朕御極以來，曾議直省倉儲，寬裕買補。旋聞市價增長，卽令停罷。蓋以小民未獲將來糶貸之利，而先受目前食貴之艱。譬諸日食四餔者先奪其一二，而語之曰，吾將為爾他日待哺計也，彼不生感而生怨矣。此中先後得失，其理較然不爽。況朕念切民依，偶值偏災，卽截漕動以億萬計。年來糧艘正供自足，太倉之粟，可預備二三年而贏，此亦足矣。計臣卽鰓鰓較量，朕皆不以為然。國家昇平富庶，內府外府，均為一體。凡官廩兵糈歲支　數，豐缺於供。若以補漕糧而議捐穀，又因議捐穀而先運常平，不獨徒費輸輓之勞，且他省聞風踵起，地方因緣壟斷，必致米價踴騰，閭閻轉滋弊累。卽云不動聲色，似此多立條規，轉向仿傚，其為聲色更何待言。揆之經常不易之道，惟為民食留其有餘，國用自無不足。居今承平日久，口增而產米只有此數。倘民間或遇必資通融協濟之處，亦不過臨時善為補偏救弊耳，無他一勞永逸之計也。至執三十年制國用之說，拘文牽義，更制而事不可行，封建井田諸舊法，又豈可得復議於今日？所有轉運常平以補京通諸倉穀米之議，決不可行。」

及至災荒發生，州縣以倉無積穀，未能賑濟。乃又通令整頓，責州縣不肖官吏，任意侵挪虧缺，殊不知忽視倉貯，已始於前詔矣。

常平倉穀本初定以州縣自理罰鍰銀撥充，及勸紳民樂輸，因收本極微，故於康熙三十一年先後令浙江山東，每畝捐穀四合。四十三年，令陝西甘肅依照應征地丁銀一錢米一斗者，令其捐糧三合，以為穀本。又有由官輸者，如康熙五十四年將湖北全省官府捐穀三萬五千石，分撥各地存儲。又有截留漕米，或動帑撥司庫鹽茶各稅銀買儲者，或由鹽商捐穀，或出於捐納貢監。捐納之例，始於雍正四年，以江南地廣人稠，需米倍於他省。動帑買運，以濟民食，恐稽時日。故照河工議敍貢監之例，將銀改爲本色穀米。每銀一兩，收米一石，或穀二石。由州縣酌量應輸多寡，俟足額後，加謹存儲，按季造册報部，不准私收折銀及勒索包攬。乾隆三十年以後，陝、甘折色日多，遇有需穀米時，仍不敷給，乃向民間採買，勒買之弊隨之而生，遂停捐監事例。翌年，停直隸、安徽、山西、河南等省捐例，越二年，又停福建、廣東、雲南等省捐例，至各省倉穀，倘有缺額，即動項買補。如庫項不敷者，則隨時奏請撥給，此爲常平倉穀本來源之確定，而不徒依捐助也。

當初設常平倉時，以多出自人民捐助，不能限制種類，故米麥穀豆高粱，咸皆收納。江南地方潮濕，米在倉一二年，便至紅朽，不若稻穀可以耐久。乃定制各省倉一律改儲稻穀，凡現存米者，以一石易穀二石。雍正三年，江西、湖北、湖南、四川四省貯米皆在五十萬石內外，令於一年以內，改易稻穀。江淮截漕米，廣東存倉米，皆八萬餘石，廣西存倉米十萬石，分作二年改易稻穀，雲南米五十七萬餘石，貴州米四十餘萬石，一二年內不能盡易，乃將雲南所給兵糧十九萬四千六百餘石，貴州兵糧九萬五千六百餘石，從存倉米支給，至秋成時征收稻穀補倉。雲南限四年，貴州限三年，皆應如期易完。各省倉米改易稻穀後，除額征兵餉仍收米外，餘征稻穀，其有虧空倉米，亦以稻穀追補還倉。乾隆十四年，以各省出產不同，食尚亦異，常平倉貯，未能盡限稻穀，乃定雜糧折抵一石稻穀之比例：山東豆一石，麥六斗。河南黑豆高粱一石，麥七斗。江蘇大麥一石，黃豆小麥五斗。安徽大麥粟穀秫一石，粟米，黃豆小麥五斗。陝西小麥黃豆五斗。四川小麥五斗，蕎子九斗，青稞八斗。貴州小麥蕎一石。甘肅粟米小麥准 抵，青稞，青豆，亦准扣抵大豆。於是常平倉積貯之量，較前更豐。

存糶買補之制，亦隨時因環境之需要，而有措施之異。順治十七年，定常平倉春夏出糶，秋冬糴還，所謂出陳易新者也。康熙三十年，定爲除散賑不限時令外，餘於每年三四月中照市價平糶。五月中將平糶價銀盡數解貯道庫。九月初旬，仍令各州縣買新穀還倉。三十四年，始題准江南積穀以七分存倉備賑，三分發糶，秋收買還。所謂存七糶三者也。其後又定各州縣超過積穀定額以外之米，均按時價易銀，解存藩庫。（積穀定額爲大州縣一萬石中八千石小六千石）其存倉者每年以三分之一出陳易新。考其實際存糶之數，極不一致。如康熙四十九年，准甘肅於糧貴之年，存米糶半，糧賤之年，存七糶三。又如雍正十九年，准江南各地存穀之數，可酌量辦理，不必拘定存七糶三之例。又有因各地地勢高卑燥溼而變更存糶之數者，如湖南長沙等四十五州縣，地勢乾燥，定爲存七糶三；永州等三十一州縣，地勢稍溼，存半糶半；龍陽等四縣，地勢尤溼，糶七存三。乾隆七年，以糶三存七之制，如遇荒年，無補於民食，乃飭地方官吏，交出倉儲，減價平糶，務期有濟民食，不必拘泥成例。或全數停糶，或酌糶十之一二，皆因時因地而異。

倉穀出陳易新之糶價，在成熟之年，每石照市價覈減五分；米貴之年，照市價減一錢。但州縣出糶倉穀，弊竇百出，就其著者約有三端：（一）米價平穩之年，出陳穀時，民間多不願買，於是有勒派逼借之舉。致民間聞官放穀，反願貼錢文於胥吏，而不願領穀。（二）買穀者大半爲近郭居民，甚或如衿戶、役戶、牙戶、囤戶、與倉書捏名報買。倉內役丁，又乘機竊購。故在市價高於官價時，鄉農及一般貧民，仍無實惠。遠路來奔，而倉穀已空。（三）倉書藉故稽延開倉日期，使購買者花耗時間於中途往返，若暗出小費則可得穀。出陳易新之義，原係指倉貯之常制，至於小歉之年則平糶，中歉之年則貸粟，大歉之年則賑濟，故買補以彌缺額，亦爲常平之要政。照例出陳易新，春糶麥，秋糴還；夏爲青黃不接之時，所糶爲米穀，則於冬糴還。如應糴還時，穀價仍貴，准予次年秋間買補，而將糶價繳解府庫，或向鄰省鄰邑價平之處，採買歸補。又如次年仍穀貴，則不再延，必須採買。以重糧政。糶價不敷時，得於通省撥補，倘再不足，卽將糧價運費脚費於藩庫存公銀內酌量撥給，造册題報，免致官吏賠貼，或派累里民等弊。

常平之制，法良意美，行之不善，則流弊種種。收受之際，穀之乾燥，強謂潮溼；用斗用稱，出入之間，大小相懸特甚，小民無知，聽其愚弄。乾隆元年之詔，不啻揭發存糶買補之際弊詔曰：

「乃聞各省州縣，於倉穀出入，竟有私派百姓者。當出糶之時，則派單令其納銀領穀若干，及買補之時，則派其納穀領銀若干。納銀則收書（收款之吏）重取其贏餘，納穀則倉書大肆其抑勒。甚至以霉爛之穀爲乾潔，小民畏勢，不敢不領，惟有隱忍賠累而已。更有山多田少地方，產穀無多。該地方不能向他處採買，但按田畝籍册，核算發價派令百姓，將田畝歲收之穀交倉，絕不爲民間計及蓋藏。祗有十餘畝之田，而亦責其承買穀石者。在附郭居民，去倉廒不遠，尙可就近轉輸。至遠鄉僻壤，離城或百里八十里之遙，亦一概令其領銀納穀。小民肩挑背負，越嶺登山，窮日之力，始至出納之所。而姦胥蠹吏，又復任意留難。及平糶之日，窵遠鄉村，更不能均霑實惠。」

嘉慶四年，劉權之論其弊曰：

「地方官藉端肥橐，輒在本地派買，不論市價貴賤，止發銀四五錢不等。並勒令出具照時價領票。兼之差役需索使費，以致領票花戶，不願上納穀石，惟求繳還原封銀兩，雖另外加倍繳價，較交穀猶爲省事。甚至有力富戶，賄屬書吏，將本名下之穀，飛洒零星有田之戶，富戶轉得少領。竟致完善良民，衣食難周，深受採買之累。地方止圖折價入己，遇當平糶之年，仍無存貯之米。」

於是乃改向鄰邑採買，蓋以境非所轄，民非所收，不致有派累勒索之弊。乾隆五十一年令，州府先將地方產穀豐嗇，市價高低，報明督撫，再具印結，領取穀價，派委採買，隨買隨收，立限交倉，不許州縣自行買運。買竣之後，由府驗明確數，具結由道轉司，彙詳督撫查覈，所以思防弊者至矣，而仍不能杜弊。州縣官領款之後，延不買補，挪作別用，流弊更大。道光二十六年，議准領價後勒限六個月買補。逾期不買，卽由藩司咨參，罰俸一年。再限三個月買完。倘仍未完，革職留任。如查有虧缺，卽行嚴參。翌年，又議准州縣買補倉穀，揑報完竣者革職，上司徇庇不參，降三級調用；失察者罰俸一年。如有勒派具領。暗收折色，及短發價値者，具降三級調用。法令固未嘗不嚴，而採買派累之弊仍未盡革。當時官吏考成多以積穀數多寡及辦理成績優劣爲標準。順治初，責成各道員專管稽察舊積，料理新儲，按積穀多少，以定該道功過。康熙十九年，又定州縣官於歲底將倉穀數目，呈報上司轉部。儲多者，管倉人給與頂帶。有官吏掊克者，照侵欺錢糧例處分，强派抑勒，借端擾民，罪之。二十一年，定州縣官勸輸倉穀議敍之例。凡一年以內，勸輸米二千石以上者，紀錄一次；四千石以上者二次；六千石以上者三次；八千石以上者四次。萬石以上者加一級。至處分之例，恐有畏罪過派累苦小民之弊，未預定。四十三年，又議定州縣霉爛倉穀處分辦法。凡倉穀有霉爛之處，督撫題參革職留任，限一年賠補，賠完免罪復職，逾年不完，解任。二年不完，定罪，着落家產追賠。補完之日，令府道出具印結，申繳藩司督撫存案，以杜挾捏之弊。如有虧空，道府分別議處。四十七年，定州縣官經理倉穀議敍議處之例，州縣官於額貯積穀之外，買穀貯倉，盤查贏餘，准其議敍。或捐穀本倉，以少報多；或將現存之米，捏作捐輸，以邀議敍，後遇本官任內有虧空發生，除知府分賠外，原報之督撫，一併議處。至職官將倉穀私借與民，計贓以監守自盜論，所少穀石，着落追賠。以上各項條例，皆爲針對州縣官管理倉儲之弊，可謂極爲嚴密，然而虧挪侵冒[illegible]弊仍未絕。雍正元年，據刑部尚書勵廷儀言，以各省存倉米石，雖有道府盤查，不能保其一無徇私，當責之嚴加核實造報。督撫離任，將籍册交代新任，限三個月查奏，如有虧空，卽行題參。徇庇者議處，仍令分賠。詔從其請，乃通飭各督撫查實存倉米石，並派大吏分赴各縣查倉。以前定虧空倉穀處分太寬，乃議定穀一石，比照錢糧一兩科斷。重立罰例，侵蝕一千石以下，擬斬，准徒五年。一千石以上擬斬監候，不准赦免。所侵欺穀石，仍嚴追賠償。挪移數止千百石者擬徒。五千石以上者流。一萬石以上者充軍，二萬石以上擬斬。能於一年以內補償者免罪。實係霉爛在三千石以下者，革職留任，限年賠補。三千石以上者，卽以挪移論。旋改爲州縣怠玩不修理蓋造倉廒以致穀米霉爛者，革職並勒令賠完，如限期內不能完竣，照侵蝕罪按數科律，遇赦不宥。雍正五年，定常平倉盤查事例，倉穀春間出借，秋後繳還，務於十月內辦理完竣報部。歲底由州府盤查，逾限未竣或捏造事實者，照數追賠。如有影射作弊，冒借人己者，紳衿黜革，牙蠹拏究。所欠倉穀，加倍追賠。鄉保有無受賄，分別治罪。再倉穀出借時，奸商勢豪，捏名零星糶出，囤積謀利者，地方官嚴禁之，州縣官以糶借爲名，掩飾虧空者，分別以侵挪定罪。其盤查之道府州，並該管督撫，隱匿徇庇，照例處分。仍將所虧倉穀，着落分賠。盤查之律，法至嚴也；而乾隆五十七年，高宗猶詔其弊曰：

「倘督撫不能潔己率屬，致屬員持其長短，遂爾心存迴護，概置不辦。即多設科條，亦屬有名無實。……更有並不實力稽察，惟以盤查無虧，一奏了事。」

其盤查之時，大抵根據册報，復憑倉書具結了事。蓋所謂實力盤查者，亦有事實上之困難，米石數量，不復斛量則不能斷其虛實，逐倉斛量，亦爲事實上所不可能，故僅憑倉書之結，藉以轉報耳。州縣之所以敢於挪侵倉穀，正惟上以誅求於下，下惟侵挪以供於上，故雖三令五申，自督撫司道府縣，祇有串通一氣，欺上凌下，縱有清廉賢明之吏，敢於切實頓整，亦惟恐開罪於上司，而終不得不挾同徇隱。及至無可掩飾，其卸任之後，一參了事。何況督撫司道，亦嘗身歷其境，故不願切實盤查，視爲敷衍故事。再則穀米易於霉爛，官吏懼賠累，不願儲穀，而願存穀價，既便侵挪，又私肥橐。此州縣倉穀之通弊也。經太平天國之役，各省諉爲倉廒荒廢，盛行積錢。光緒戊戌變法以後，號爲新學之士，則又主張積穀不如積錢，積錢不如興學，乃以錢興學，年餘並穀價而亦無存。飢荒之來，遂失所備，常平之制，隨積錢新政同歸於盡矣。

清初社倉，僅就明末原有者保持。康熙十八年，始有鄉村立社倉市鎮立義倉之詔。二十八年，因直隸旱災，重申舉辦社倉詔，但效果極小。實由於勸輸困難，經理棘手，官吏苛擾所致。先以直隸爲試辦區域，議定本鄉出穀，貯之本鄉，由誠實之人經理，上歲加謹收儲，中歲糶借易新，下歲量口賑濟。雍正二年，令各省設立社倉，但組織漫無標準，州縣輒以官法相督，不聽民間自理，更有照正賦額一兩加征社穀一石者，苛例煩擾，民不安居。乃議社倉法頒行各省。仍以各地風土有殊，頗難劃一，遂改選擇一省中數州縣先爲試行，俟效著後再推行全省。茲錄社倉之重要組合如社本、儲散、社長、經理諸端如次：

社本　社本既以勸獎人民捐輸爲源，則對於輸納之獎勵亦必優越，康熙五十四年，准富民捐穀五石者，免本身一年雜項徭役。多捐者以倍數按年遞加。紳衿捐穀四十石者，州縣給匾；捐六十石知府給匾；八十石本管道給匾；二百石督撫給匾。其富民好義，比紳衿多捐二十石者，亦照紳衿例次第給匾。捐至二百五十石者，咨吏部給予義民頂戴，照未入流冠帶榮身。給匾之民家，永免差役。雍正二年，社倉法規定不拘捐數升斗，凡十石以上，給以花紅；三十石以上獎以匾額：五十石以上遞加獎勸。其有好善不倦，年久數多，捐積至四百石者，給頂戴。乾隆六年，題准一人連年報捐，先後積算至十五石以上者，亦准遞加獎勸。又改定捐至三百石者給八品頂戴。四百石者給七品頂戴。是年並議准山西省社倉獎勵辦法，捐十石以上至三十石者，給花紅；三十石以上至五十石者，地方官給匾額；捐至百石者，府給匾；二百石者道給匾；三百石者布政司給匾；四百石者巡撫給匾。五百石以上者給八品頂戴。連年捐輸仍許積算。地方官勸輸，大州縣每年定千五百石以上，中州縣千石以上，小州縣五百石以上，均於計典時開明考覈。社本除出自人民捐輸者以外，有從加二火耗銀撥充，如陝西原應於雍正四年減裁每兩五分之火耗，但復奉命征收，以充社本。計四五兩年所征銀兩，買麥穀十四萬五千八百餘石，各縣社倉，可得本千石。又有由常平倉及官莊存穀撥充者，如雲南貴州等省是。廣西則撥常平倉之息穀充本。因官撥社本，則受州縣監督，雖民選倉正社長，仍無異官辦，社倉之原義漸失矣。

儲散　儲存米穀，先於公所寺院收存。俟息米積多，再做常平倉廒例，建倉儲藏。每穀四百石，建廒一間。如財力不能建倉，則暫租賃殷實富戶寬餘房屋貯存，不許存於社長家。建倉可動用息穀，由同社鄉民報明鄉長，公同勸佐修造，具結報官存案。出納手續，係於每年四月上旬，由社長申報地方官吏依例給貸，定　支散。十月上旬，申報依例收納。均照部頒斗斛，公平較量，不得抑勒多收。臨時願借者，先報社長，州縣計口給發。交納時社長先示限期，依限完納。其簿籍之登記，每社設立用印官簿，同樣者二本。一本社長收執，一本繳州縣存查。登記之數目，不得互異。其存查者，夏則五月申繳，至秋領出。冬則十月申繳，來春領出，不得遷延，以滋弊竇。每次事畢後，社長州縣，各將總數申報上司。如有地方官吏抑勒挪借、强行糶買、侵蝕等事，社長呈報上司，據實題參。即同邑之社，亦不得以此應彼，互相移借。又防借貸時發生流弊，復規定由社長豫造排門細册，將姓名年貌住址以及宦紳士庶商賈，逐一註明，遂官用印存案。日後借貸，悉以此册爲準。遊手好閑者，不許借貸。除正副社長外，再公舉身家殷實者一人，總司其事，不時察查。如有欺隱，令其賠償。若積穀過多無人借貸時，於秋夏之較，減價平糶，秋收後照價買補。如爲豐年，全行借出，按穀收息。貧無依靠者，亦准其量借升斗，以資接濟。與實有力不能償或逃亡故絕者，取具里鄰甲保結狀，地方官加具印結，題請豁免。其爲社長侵蝕，一經告發，照例治罪。社長不能如期賠償買補時，着落州縣賠補。社倉息米，原定每石取一斗，雍正時改爲二斗。小歉減息之半，大歉全免，止收穀本。至十年後息已二倍於本時，止以加一取息。息穀大抵以一斗計算，七升還倉，三升爲社長辦公之費用及役工餉食。

亦有動用以修建倉廒及民田水利與撫恤之舉。

社長　康熙四十二年試辦社倉於直隸時，其屬於旗下村莊者，由莊頭中之願收管者管理；屬於百姓村莊者，則由本鄉中誠實之人管理，迄於雍正初年，乃規定每社設正副社長，擇端方立品家道殷實者二人充之，果能出納有法，鄉里推服，按年給奬。十年無過，給以八品頂戴。徇私者即行革懲，侵蝕則按律治罪。乾隆十年，議准各省社長，三年更換一次。選擇殷實良民補充，將經手社穀同鄉保互相交代，取結報官存案。經管三年，毫無弊竇，同社公議得仍留任三年。二十四年，以江蘇地方充社長者，多有賠累，且招勞怨，不願充當，遂落入漁利之徒手中。乃規定每社選殷實公正居民數人，輪流充任社長，一年一易。則經手時間不長，不致賠累，且交代亦無他弊。四十一年訂社長考成辦法，一年無過者，給以花紅。三年無過，給以扁額。五年無過，免一身差役。陝西、甘肅等省不稱社長而稱倉正倉副，亦由民間推選，司出納保管之責，但以社本多係靠加二火耗撥充，故州縣官可以干涉，所謂民選倉正副者，不過充州縣耳目也。

經理　興辦社倉原則，係社本出自民間，儲散亦由民間推人經理，州縣官不得參預，致生挪借抑勒之弊。清代各省社倉，太致皆由民間自行經管，獨有本出於官者，則失社倉原義。陝甘社倉之本，前曾述及動撥加二火耗，由州縣向司具領，如有虧累，州縣須負全責。故州縣多以社倉之管理，交於胥吏家人幕府承辦。為預防免累起見，致出陳則勒買，易新則勒借。人民稱社穀為皇糧，不獨無救濟災難之實惠，而先有擾民之弊。世宗頒諭勸石，略以：「國家建立社倉，原令民間自行積貯，以百姓之資糧，濟百姓之緩急。春貸秋償，滋生羨息。各社自為註管登記，有司但有稽查之責，不得侵其出納之權。」其由加二火耗撥充社本者，亦係「小民切己之資財，而代民買儲之倉糧，即小民自捐之積貯。地方官有於社倉穀石，創議交官，不交百姓。或指稱原係公項，預爲公事挪侵之地步者，俱以擾撓國政貽誤民生論，從重治罪」。迄乾隆三十七年，議准社倉穀石，責令新舊州縣盤查交代，取其印結送部查覆，仍於年底，將收支各數，造册題報。至此，社倉不論官本民本，一律俱由地方官經理，社長則由州縣選充。蓋州縣官之新舊交代，又涉及社倉之盈虧羨耗，自不能聽由民間自理而受累也。

社倉之弊，因州縣經理而愈多。迄於嘉慶四年，又下歸民間自理之詔曰：

「社倉原係本地殷實之戶，好義捐輸，以備借給貧民之用。近來官爲經理，大半藉端挪移，日久並不歸款。設有存餘，管理之首士與書吏，亦得從中盜賣。倘遇儉歲，顆粒全無。以致殷實之戶，不樂捐輸。老成之首士，不願承辦。是向來良法，徒爲官吏侵肥，應一律查禁。仍將各省社倉，聽本地殷實富戶，擇其謹厚者，自行辦理，不必官吏經手，以杜弊竇，而裕民食。」

於是各省社倉，又一律由民選正副社長，司出納之責，僅報官存案，而無州縣指名派充之事。但民間經此變化，又恐收爲官理，捐輸者不甚踴躍，經理者不負實責，社倉之制，遂亦漸廢。

義倉之設，始於雍正四年之兩淮鹽義倉。由鹽商捐穀本三十萬兩，建倉貯穀於揚州。由鹽商選人經理，於青黃不接時，照存七糶三例，出陳易新。或於米貴時，開倉平糶，秋成糴補。或賑濟地方水旱之災，由江蘇巡撫具題動支。五年，分設義倉於各近竈地方，以備貧苦竈戶之需。乾隆七年，始推行於山東行銷票鹽地方。以銷票多寡之額，定爲三等，照票輸穀。上等每票輸穀二石，中等一石五斗，下等一石。分限二年交倉，即作爲章邱等三十九州縣義倉之本。又令鹽商出資建造倉廒，遍設於各該城鄉村鎮。倣社倉例，春散秋收，借給貧乏窮民，加一收息。每處立社長正副各一名。貯穀在二千石以上者，另設斗級一名，四千石以上者二名。每加二千石，增加斗級一名。社長社副，年給穀息二十石。斗級年給十二石。地方官吏任出借、收領、稽查之責。乾隆十二年，山西設立義倉，穀本均爲士民捐輸，照社倉例分別給獎。縣能捐俸提倡者，五十石記功一次；一百石記功二次；百五十石記功三次。二百石以上者，先記功三次再註册送督核。三百石以上，於現任內記錄二次。義穀選倉正倉副管理之。分鄉收貯，春借秋還，加一取息。游惰人民，禁其濫借。如附近村莊，猝遇冰雹，例不成災，但農民有缺乏口糧籽種者，可將穀借出。出陳易新時，儘先以雜糧易出。俟本息充足，再照存七糶三辦理。息穀以十分之一爲倉正副紙張飯食之需，以十分之一爲折耗，又以十分之一爲賃房貯穀之費。遇仍收免息之年，所需費用，於上年餘賸息穀內借支，下年歸還。州縣官交代時，亦有盤查之例，故歉受官吏經理，原意漸失。至嘉慶六年，所有義倉，皆與社倉同時發歸民間自行管理，始又復原態。仍選倉正副各一人，經理一切出納事宜。限定非本鄉農民不准借穀；又已借常平倉穀者，不准再借義倉之穀。取息辦法，亦略經變動。直隸省年成在八九分者，加一收息，六七成者免息，每石止取耗穀三升。在五成以下者，緩至次年秋成還倉。原借雜糧者，按糧價易穀還倉，應加息者，照穀數加息。河南、山西、廣西三省，每石收息一斗，歉年免息。湖北、江西二省不收息。義倉辦理正上軌道，而太平天國之役起，倉貯廢棄不可復矣。

總以上所述常平義社諸倉之設置，皆於糧政上有莫大功績。雖姦吏挪侵抑勒，究係人的問題，而非制度本身之不健全。此外尚有營倉，備兵士借糴之設。以直省提鎮駐紮之地及凡屬沿邊、沿海、與距省垣遙遠者，均設立之。其穀本大半動用漕糧，或司庫銀，由各營將備經營，於青黃不接時出借，或辦平糶，於收成發餉時扣還買補歸倉，並不計息。蓋此種制度又爲謀解決一般民食以外之糧政也。

禁止糧食出口　清代海禁大開，交通便利，商人之販米出洋以圖厚利者，比比皆是。但從民生經濟着想，從整個國家之糧食政策着想，均有切實禁止之必要。康熙十八年，江浙沿海兵民販米出洋，冀博重利，特遣戶部郎中布詹等巡海，如將軍督撫提鎮所屬人員有犯禁者，隨時訪緝。四十七年，僉都御史勞之辨又以江浙米價騰貴，皆由內地之米，爲奸商販往外洋之故。須嚴海禁，杜絕商船往來。戶部議復，以爲自康熙二十二年以來，海禁開闢，商民兩益，不便禁止。如爲奸商私販，可於崇明、劉河、定海、乍浦各口岸加兵巡察。商民除食米外，違禁裝載五十石以外販賣者，其米入官。官弁私放者參處。五十六年，定本國出洋船隻登記辦法。食米限每人每日一升，另給一升以防阻風。此外餘額，經查出後悉數入官。小船偷載米糧轉運大船者治罪。復於雍正六年，核准每船所帶米石，暹邏大船三百石，中船二百石。噶喇吧大船二百五十石，中船二百石。呂宋大船二百石，中船一百石。烌仔等處大中船皆百石。皆有偷漏，以接濟外洋例治罪。雍正八年，以採捕漁船夾帶米穀出洋，皆由私牙代買、囤戶豫積、小船搬運、以及停泊移遊不定故。乃定取締辦法如下：（一）米牙須身家殷實者充之，另須取具鄰甲同行保結，如有串商代買，連同具結者一併治罪。（二）海濱居民有囤積私糴者，鄰甲舉首免罪，止罪本，人容隱發覺，並行連坐。（三）外來船隻，均令停泊於進口處。令各港澳小船，令地方官按數查明，編册取具互結各營汛實力盤查，如有盤出私米及首報者，賞給十分之三。在洋面拏獲者給半數。

奉天貿易海口船隻載糧亦有限制。往天津者，每名准攜糧三斗，往山東者五斗，往江南者一石。其往福建廣東諸地，雖路途較遠，但攜糧准同江南例，蓋經由浙之寧波、江南之劉河等處，可以逐程買補也。載米超過規定限制者，以私販治罪。凡產米之地各海口文武官員，每月須出具並無粟米出洋切結，送督撫提鎮存查。倘後如查出具結之月份確有粟米出洋，即行題參。

福建本爲缺乏米糧省份，而其沿海各屬間之互相糶糴又非經海道不可，故防範走私極爲困難。乾隆間穀米出洋者，多藉福建爲出口處。乃規定各屬間互購食糧，均須領取護照。憑照至採買地方驗照後，准其買足。即於照內註明所買數目，移咨原籍查對。逾地偷買者究辦。官弁故縱者亦罰。福建歉收之年，往往委官於米賤省份分採辦米，由海運入閩。而奸商猾吏乘機夾帶私米出洋，故乾隆八年，有不准閩省招商販運米糧之令。

偷運米糧出洋之罰則，創議於乾隆元年。至十三年，始以偷運麥豆雜糧出洋，亦照偷運米穀之例科斷。惟罰則極爲簡單。六十年增訂罰則如下：

「凡姦徒將米穀豆麥雜糧偷運外洋，接濟姦匪者，擬絞立決。如止圖漁利，並無接濟姦匪情事者，米過一百石，發近邊充軍。一百石以下，杖一百，徒三年。不及十石者，枷號一月，杖一百。爲從及知情不首之船戶，各減一等。穀及豆麥雜糧，每二石折米一石科斷。所有姦徒偷運米石及船隻貨物，俱給拏獲之員弁充賞。失察之汛口文武各官，照例議處。如有受賄故縱者，即行參革，以枉法計贓治罪。倘有不肖官員，於奉委之後，並不親身出口，及妄拏商船額帶食米訛詐者，一體嚴參。其有得贓者，照恐嚇取財律治罪。」至該管文武官員失察處分，為偷運米一百石以上穀二百石以上，降一級留任。米一百石以下穀二百石以下，罰俸一年。米不及十石穀不及二十石，罰俸六個月。

國際貿易隨海禁鬆弛而發展，先後與歐美各國，遂有商約之訂定。咸豐八年之中英、中美、中法、十一年之中德、同治二年之中丹中和，四年之中比，五年之中義，八年之中奧各通商條約，均載明「凡米穀等糧不拘內外土產不分何處進口者皆不准運往外國」字樣，惟中英所訂條款，獨准其照銅錢運往別口一律辦理，依照稅則納稅。所謂照銅錢運往別口例者，即為：「由該商赴關，報明數目若干，運往何口。或令本商及同商工人聯名具呈保單。抑或聽監督飭會另交結實信據，方准給照。別口監督於執照上註明收到字據，加蓋印信。從給照之日起，限六個月繳回驗銷。過期不繳者，即按照原本數罰繳入官。」是米穀等糧雖禁止出口，但已許轉口，商販當有利可圖也。辛丑和議，以關稅抵償款，重修稅則，續訂商約。英使馬凱仍要求米糧轉運出洋。兩江總督劉坤一力爭不可，電張之洞略曰：

「五穀出洋，衆情不願，難行。然彼口運此口，准行已久。所謂方便之門已啓，而洋人必欲要求，若止准價貴之米麥芝麻出口，不准粗雜糧出口，且重征其稅，並設法限制米行其售與洋人者，每石定價若干，減價有罰。荒歉之年，仍行禁止。則工商食貴米，而農民獲厚利，亦是勸農務本之意。若為兵事計，則不無妨礙。蓋此口運彼口之例，閩、粵、津、遼皆包其中，港溪無從究治。開端已錯，影響難免。今欲求方便，其意何居？」

迄於光緒二十八年，中英續訂通行船條約，對於米穀販運又多一便利，但公然出口運往外洋，則始終受條文之嚴格限制。其文曰：

「咸豐八年，商定條約通商章程第五款內載，凡米穀等糧，英商欲運往中國通商別口，則照銅錢一律辦理。出口時照依稅則納稅等因。茲彼此應允，若在某處，無論因何事故，如有饑荒之虞，中國若先於二十一日前出示禁止穀米等糧由該處出口，各商自當遵辦。倘船隻爲專租載運穀米而來，若在奉禁期前，或甫屆禁期到埠，尚未裝完已買定之穀者，仍可准於禁期七日內一律裝完出口，惟米穀禁期之內，應於示內聲明，漕米軍米，不再禁列。如裝運出口者，須先載明數目若干。但此項米穀雖在不禁之列，而應於海關册簿，逐日登記進出若干。除此之外，其餘他項米糧，一概不准轉運出口。其禁止米穀，以及禁內應運之漕米軍米數目，並限滿弛禁各告示，均須由各該省巡撫自行出示。倘於既禁之後，准無論何項米穀載運出口，則應視該禁已廢弛。若欲再行禁止，則須另行出示之後，以四十二日爲限，方可照辦。至米穀等糧，仍不准運往外國。」

此外如光緒十二年所訂之中法越南通商條約，光緒二十年中英續訂之滇緬條約，均載明米糧不准販運出口，只准免稅進口之條文，足見清代對於糧食運出之禁止，十分重視，惜只從維持民食着想，而開放門戶，不策海防之安全耳。

獎勵洋米輸入　我國閩粵諸省，面海環山，人口庶而田產不足，食糧不能自給，故唯有仰給於洋米，遠在宋眞宗時，卽遣使往福建取占城稻三萬斛（占城卽今安南之廣南等地），足證安南之米，是時已流入福建。康熙六十一年，清聖祖聞暹邏米饒價賤，二三錢銀，卽可買稻穀一石。遂囑來貢　臣運米三十萬石至廣東、福建、寧波等地販賣，免其納稅。雍正二年。准其壓船隨帶貨物，亦免納稅。

六年，暹羅米運廈門發賣，地方官欲征稅，經部議，米穀進口不必上稅，著爲例。沿海各地穀米進口，遂不復征稅。卽其附帶船貨，自乾隆八年起，分別酌免稅銀。凡帶米一石以上者，免其船貨稅銀十分之〇・五，五千石以上者免十分之三。所以獎勵運米進口，接濟民食。如豐歲民間不需米穀，則由官收買洋米，以充常平義社諸倉之本，或發兵餉之用，務使洋米入境有糶賣之困難，致米商裹足。當時以暹羅商販運米入境，緩急難恃，不能適合於實際之需要。官爲採購，又慮洋商聞風居奇。故祇有獎勵商民自備資本，前往採購，直接貿易，可免操縱。暹羅木料價賤，華商往往至該處造船駛回，由地方官給予牌照，驗放無阻，惟不載米而載貨返國者，倍納船稅。乾隆二十一年，議定廣東福建商民採運洋米議敍之例。凡廣東生監商民，有自備資本，領照前赴安南等國運米回省，糶濟民食者，地方官查明，數在二千石以內，酌量獎勵。數在二千石以上者，確查取結，奏請分別議敍。其間運米二千石以上至四千石者，生監給予吏目職銜，民人給予九品頂戴。四千石以上至六千石者，生監給予主簿職銜，民人給予八品頂戴。六千石以上至一萬石者，生監給予縣丞職銜，民人給予七品頂戴。凡福建省生監前赴暹羅等國運米回至漳州泉州二府糶濟民食者，令地方官查明，數在千五百石以上至二千石者，生監給予吏目職銜，民人給予九品頂戴，三千石以上至四千石者，生監給予主簿職銜，民人給予八品頂戴。四千石以上至六千石者，生監給予縣丞職銜，人民給予七品頂戴。至一萬石者，生監給予判職銜，民人賞給把總職銜。

總之，清代對於糧食進口，極盡獎勵 能事，故當太平天國軍占領長江流域時，南漕中阻，北方民食頓 恐慌，乃令兩廣總督葉名琛，向洋米·源豐旺之地，籌撥鉅款購米十萬石，運儲於津倉。

免除糧食進口稅，可謂為特惠之條文，原可以隨時變通處理。境內歉收，米價昂貴之際，自應獎勵糧食進口，不征稅收。但值穀賤傷農之時，不得不對於洋米進口略加限制，以維持本國之元氣。我國與國際間所訂商約，皆不能自主，故雖豐收年成，亦不能禁止或限制洋米入口。計自同治九年迄宣統三年，此四十三年中，據海關報告之記載，進口洋米共達一六一、五〇〇、一六〇石，其間每年進口超過一千萬石者，為光緒二十一年及三十三年，超過九百萬石者有四年，最少之額亦年為六千餘石。大抵皆隨境內豐歉而增減，例如宣統元年洋米進口僅三、七九七、七〇五石，而前一年為六、七五〇、七三二石，後一年又為九、四〇五、九五四石。其所以宣統元年獨減少者，據海關貿易冊載，是年廣東豐收之故云。

糧稅征免與糧食流通　清代糧稅征收標準，極不一致。有籤量計石征稅者，有單征船料稅者。稅率亦各隨地而異，米一石，征稅二分至四分，漫無限制。乾隆二年，始擬劃一各省米穀稅例，詔云：

「龍江、西新、贛州、殺虎口、張家口、閩海、江海、太平、南新、廟灣、成都等處，向來並不征收穀米之稅。崇文門、打箭爐與揚州之滕壩，均收酒米之稅，其餘麥豆雜糧，概不征收。均應照舊例，毋庸置議。至九江、粵海、蕪湖、鳳陽、清江廠、北新、天津、浙海等關及廣西之桂林、平樂、梧州、潯州、富州、懷集等府縣，皆稱征收船料。揚州、淮安、宿遷、滸墅、夔關等處，皆稱籤量計石，按例征稅，均未便遽行更張。但米穀為民食所資，與百貨不同。若不分別豐歉，概行征收，恐歉歲省分，致增米價，有損民食。嗣後舊征米稅船料各關，除豐登之年，遵照舊例征稅外，倘地方偶遇旱澇，其附近省分各關口，應予寬免，並劃一征收辦法，由戶部具奏施行。」

歉歲免稅，已於翌年見諸實行，但稅率劃一，終以格於舊習而未果。其免稅米船，以實係運往歉收地方者於限，由官給護照。至歉收地方關口查驗，塡明到關年月，鈐印發票，令其回關查照。如回船載有他貨，止征貨稅，不征船料，所以獎其運米往災荒區域也。若領照運米往歉收地方，而中途卸賣者，查出照漏稅例處罰。乾隆七年，以米豆爲民食所需，盡免其稅，而僅征船料。其從來不征船料各關口，不得因免稅而轉增征船料。諭云；

「米豆各項，向因商人販賤鬻貴，是以照例征稅。第思小民朝夕饔飧，惟穀是賴，非其他貨物可比。關口征納米稅，雖每石所收無幾，商人藉口額課，勢必高抬價値。是取之商者，仍出之民。後遇地方歉收，商販米船概給票放行，免其上課，皆爲民食計也。但係間　舉行，未能普及。夫以養民之物例而搉之稅，轉以病民，非朕己饑己溺之懷。今特將直省各關口所有經過米豆應輸額稅，悉行寬免，永著爲例。俾米穀流通，民食充裕。懋遷有無者，不得藉以居奇，小民升斗之給，不致有食貴之虞。」

未幾，又免麥石之稅。乃自施行之後，各關額征銀稅，驟形短少，皆藉口以免豆米之稅爲原因，致虧正額。又米穀之價，並不因免稅而低落，或甚有數省較前略昂。滸墅關監督圖拉，奏請復征米稅，其言曰；

「自乾隆七年免征糧稅以來，奸商大賈，惟知圖利，不顧民難。近年各省米豆價並未稍減，甚且有比舊加昂。徒使奸商飽橐，市儈居奇。窮黎未沾實惠，誠屬無益。現當軍需浩繁，宜酌復征稅。」

戶部亦奏請恢復征收直省各關米豆稅銀。高宗從其請，復下詔自闡其說曰：

「本以食爲民天，關稅優免，則市價可減，是以不惜千萬正課，爲小民謀饔餐寬裕計。當時內外臣工，屢有以但利商賈無益民生爲言者，概未允准。朕意欲試行數年，果否有裨益於民食，再行酌量。乃數年來，稅免而米豆之價，不惟不減，而昂貴時或有加。明係奸商不知免稅之恩，專利自封。轉以有限之帑項，肥三倍之囊橐。無裨閭閻，允宜復原額。且地方偶有偏災，卽將該處關口應征米豆稅額，加恩寬免。則估船聞風雲集，市價自平。駔儈不得居奇，窮黎均霑實惠。轉得操權自上，朕意不專爲軍需起見也。」

米穀之稅，經復征後，只有運入災區者，經核准可以免稅放行。乾隆二十三年，議准卽商販運往災區之米，亦須征稅。蓋以爲免稅之舉，於被災地方並無裨益。且米商之納稅，係屬循例征收，並非額外增益，故仍應照舊征稅。

民食之互相調節，屬於政府糧政之措施，清代亦頗重視。如以奉天之糧，協濟直魯，湖廣江西之米，接濟江浙。以湘米濟桂轉粵，台灣之米濟閩轉浙，皆本以有餘補不足之旨。關於買補常平及義社諸倉穀者，前節曾詳述之，但仍有地方官吏，藉口維護本地民食，禁止鄰邑採買，殊有失糧食流通之本義。雍正乾隆之際，屢申遏糴之禁，茲錄乾隆七年之詔曰：

「天時有雨暘，地土有高下，而年歲之豐歉因之。以天下之大，疆域之殊，歉於此者，或豐於彼。全賴有無相通，緩急共濟。在朝庭之採買撥協，固自有變通之權宜。斷無有於米穀短少之處，而強人以糶賣者。若有歉收之地，商賈輻輳，聚集既多，價值自減，則窮黎易於得食。此鄰境之相周，與國家賑恤之典，相濟爲用者也。地方官吏或有識見未廣，偏私未化者，未免以米糧出境稍多，價值漸貴。雖不敢顯行遏糴，靡不隱圖自便，羣相禁約。有司又從而偏袒之，遂視鄰省爲秦越矣。用是再頒諭旨，着各行勸導所屬官民，毋執畛域之見，務敦拯恤之情。俾商販流通，裒多益寡，以救一時之困厄。將來本地或值歉收，又何嘗不於鄰省是賴。……」

三十年定官吏遏糴之懲戒辦法如下：

「凡鄰省歉收告糴，本地方官禁止米糧出境者，該督撫據實題參。將州縣官降一級留任。不揭報之該管上司，罰俸一年，不題參之督撫，罰俸六月。倘本省歉收，米糧不敷民食，而姦民射利之徒，私行販運出境者，由該督撫酌量情形，據實題明後，許其暫行停止。」

故乾隆四十一年，四川請禁雜糧販往湖北，四十三年，湖北請截留川米以濟用，均遭戶部嚴加駁斥，而糧食之流通，始收以有餘補不足之效。

第九章　民國糧政

賦制之因革

民國初建，田制未變而賦制略更，清代之所謂民賦、衛賦、課租、驛站、漕項、倉項、耗羨、平餘、屯折等繁複稅目，迄於民初則按其性質而合併。名爲整理，實則合零爲整，未嘗減輕人民負擔也。關於改革方面者約有二端，一爲設立經界局謀澈底清丈全國土地，一爲田賦改用銀元以昭劃一。初以蔡松坡爲經界局督辦，派員分赴各國實地考察土地整理之具體辦法，以京兆爲試辦區域，設立分局，旋又設涿州良鄉兩地分局，因時局變化而中止。九年，復設全國經界局，不數月，又告裁撤，整理土地之議，雖高唱入雲，終無執行之健全機構，僅於江蘇之寶山崑山及通州諸地，略具清丈端倪，所謂清丈全國土地之說，本爲當時施政之目標，惜以內戰發生，不果實行耳。至田賦改折用銀元，實爲進步之表示。蓋地丁銀，本以兩、錢、分、釐計算；漕糧以石、斗、升、合計算。名爲征收銀漕，實則折收錢文或銀元。於是百弊叢生：就地丁而言，折合銀錢，省與省，縣與縣，折合之率各有差異。而征收之官吏，勾結爲奸，勒價貼平，折零爲整。轉輾增加，爲害非淺。就漕糧言之，有征本色者，有改折銀錢者，糧價既各隨地而高低不同，糧色亦各隨地豐歉而互異，故勒扣挑剔，數已增加、而加收斛面，席墊，索取兌費、運規，較諸正稅，繁苛之至。民國三年，財政部令各省完納錢糧，概以銀元計算，在幣制法未頒行以前，折合辦法，由部酌定施行。自是以後，各省征收多以銀元折算，而田賦收入，得有增加。各省丁糧改征銀元數於左：

省名	地丁每兩折合數	漕米每石折合數

山東	二・二元	六・〇元
河南	二・二元	五・〇元
江蘇	一・八元	五・〇元
福建	二・二元	四・三元
浙江	二・五元	五・〇元
四川	一・六元	

初，政府對於田賦之弊，未嘗不欲切實整頓，以圖充實財政基礎，但以政治關係，統一辦法，始終不克實行。且參議院決定予地方以帶征附加之權，故賦制更亂而不可收拾。民國三年十一月，濮陽黃河決口，山東直隸均自行加征附稅，以治河工。四年，因國家預算不敷，有援山東直隸增加附稅例者合，共增加銀七、八八三、六七〇元，以補不足。四年以後，舊附稅加併入正稅，而新附稅日益增加，農民之負擔日重，當時輿論譁然，均認爲非加限制不可，故財政當局乃宣布附加稅，不得超過正稅百分之三十之規定。所謂正稅者，乃由各省代征轉解國庫，附稅者，即爲各省自定稅額自征自用之稅，非法之取，日益加多。八年以後，中央政府糾紛更甚，法紀蕩然，各省正稅，多不解國庫，而用以充省縣之行政經費。

附加稅之疲弊　自民國元年十二月二十六日，袁世凱咨行參議院釐定國家稅及地方稅法以後，地方政府始有權征收附加稅，雖規定田賦附加，不得超過百分之三十，營業附加不得超百分之二十，所得附加不得超過百分之十五，但實際極爲寬泛，致啓地方官吏橫征暴斂巧立名目之門。迄於民國十六年，財政部頒布限制田賦附加稅辦法，則規定「田賦正稅附加之總額，不得超過現時地價百分之一；其已經超過此數之各縣，不得再增，並須陸續設法核減，適合地價百分之一限度。」「田賦附捐之總額，不得超過舊有正稅之數，其已經超過正稅之各縣，不得再增，並須陸續設法核減，至多與正稅同數爲止。」及「在實行清丈報價以前，地價百分數，暫以各縣現時地價爲標準。」從上述之限制條文中研究，則附加稅之數，不僅爲正稅百分之三十，而可以與正稅數相等，是限制條例更寬，故十六年以後，附加較前更濫。往往有附加稅超過正稅三十倍者，至其附加種類之名稱，即江蘇一省，已達百四十七種之多，總計全國則達六百七十三種，困民苛政，莫甚於此。

民國二十三年，舉行全國財政會議第二次大會，即以減輕附加爲主要議程，計實施以來，裁減之附加，共三百餘種，款額達三千八百七十四萬二千四百九十五元。廢除之苛雜共七千一百零一種，款額達六千七百六十九萬一千四百三十五元。此皆爲減輕之農民負担之先決條件，蓋欲實現合理之糧政，必首謀改善賦稅，安定其生活也。我國人民生產能力非常薄弱，兼之分利者多，生利者少，納稅限度原極低微。而地方政府課稅，巧立名目，祇圖財政上收入與征收之便利，故不計及人民之負擔能力，實爲違反租稅原則。自全國實行統一以後，當局力謀國民經濟之發展，對於苛捐雜稅之廢除，稅制之改進，農村經濟基礎之樹立，莫不重視大衆之福利。第二次全國財政會議之另一重大收獲，即爲呈奉國府頒布嗣後不准再增田賦附加，並永遠不再立不合稅捐之明令，以示與民更始之決心。

國父遺教與糧政　國父手訂之糧食政策，爲民生主義經濟政策之一，主張全國食糧，實行澈底之管理與統制。其要義，曾於地方自治實行法內規定曰：

「地方自治草創之始，當先施行選舉權，由人民選舉職員以組織立法機關幷執行機關，執行機關之下，當設立多少專局。隨地方所宜定之，初以簡便爲主，而其首要在糧食管理局。量地方之人口，儲備至少足供一年之糧食。地方之農產，必先供足地方之食，然後乃准售之外地。故糧食一類，當由地方公局買賣，對於人民需要之食物，規定最廉之價，使自耕自食者之外，餘人得按口購糧，不得轉賣圖利。地方餘糧，則由公局轉運，售賣於外，其溢利歸諸地方公有，以興辦公益。」

至其具體政策之實施，遺教中雖未作有系統之指示，但尋繹探索民生主義、心理建設、物質建設、錢幣革命及地方自治實行法諸篇中關於糧食問題之理論，可得下述匯集融會之綱要：

一、管理機構　中央設立糧食管理機關，以科學方法管理全國糧食。各地方分設糧食管理機關，辦理各地糧食生產、消費、分配、運輸、倉儲諸事。

二、管理原則　與土地政策及節制資本相輔而行，測量土地，制定法律，解放農民，保障其權利，鼓勵生產，逐漸打破資本主義，達到耕者有其田之目的。

三、管理方法　1.生產及製造——移民殖邊，擴大耕地面積，改良農業技術，開發水利，預防災害，嚴密調查統計各地之生產數量。各地磨米磨麥機房皆由中央管理。2.消費及分配——精確統計人口，計算各戶消費量，作合理之分配，以達計口授糧。調查各地豐歉及存糧盈虛，隨時予以調節，使家給人足，各取所需，無向隅者。節制糧食之消耗，限制釀酒製糖等項所用糧食之數量。分配糧食由中央機關管理，各地糧食，均由公局買賣，永定最廉價格，使自耕自食者之外，餘人按口購糧，不准轉賣圖利。3.運輸及販賣——糧食之運輸及出賣，均由政府辦理，若輸出國外時，由中央經理部之輸出部經營之。運輸時當儘量利用水道及鐵路公路，沿河設特別船。國內各地均設穀類運轉器，以求便利。地方餘糧由公局轉售於外，其溢利歸諸地方公有，售於外國所得之資金，用以償還外債之本息。4.倉儲及保存——各地儲糧以足支三年之食為準，至少須備一年之糧。仿古義倉制度，制定倉庫法。並與貨幣政策相輔而行，建設各級倉庫。改良倉儲存糧方法，使達量多而質不壞目的。全國糧食之儲存，均由中央管理，以便調節國內食糧之供需。

綜上述從遺教中歸納之綱要而論，可知 國父對於糧政之重視。至平均地權節制資本與管理糧食之理論，均有極密切之連繫，茲於本節詳述之。實行民生主義，乃我國經濟建設之最高準則，而平均地權與節制資本兩大原則，幾包括民生主義之重要理論，其糧食管理之原則，即為與平均地權互為表裏；又與節制資本，互相為用，試伸述其義。

糧食實行管理以後，對於各地產量及儲藏，有精確之調查統計；對於豐歉供需，有適當之調劑分配，輕重之權，操諸中樞。則大地主產儲糧食雖多，不得私售；貧民所缺糧食，亦可由政府接濟，不復至於饑饉。故富有者雖阡陌相連，不足以豪奪貧民，社會問題，不致發生。況實行糧食管理之初步工作，必須對於人口土地有調查統計之數字，實有助於平均地權之基本工作。至平準糧食價格，統制運輸，則全國糧食市場，為政府所管制，奸商大賈，不能以私人資本從中操縱壟斷，此又因管理糧食而收節制私人資本之效果。目前私人資本之運用，固不限於糧食一途，自不能奏節制資本之全功，然因糧食管理而使私人資金運用之範圍日趨狹小，其互相爲用之功，亦可收效於萬一。

農業政策與糧政　我國農民佔全國人口之大多數，在政治上社會上經濟上均佔極重要之地位，故中國國民黨領導國民革命以來，首先卽以解除農民痛苦，及增近農民利益爲職志，使農民謀政治社會經濟上之平等。歷次全國代表大會及中央全體會議，對於農政及農業之建設，均有重要之決議，茲依次擇要分述如下：

一、第一次全國代表大會關於農民之政綱　「1.嚴定田賦地稅之法定額，禁止一切額外征收，如釐金等類，當一律廢絕之。2.清查戶口，整理耕地，調整糧食之產銷，以謀民食之均足。3.改良農村組織，增進農人生活。4.由國家規定土地法，土地使用法，土地征收法，地價稅法，私人所有土地，由地主估價呈報政府，國家就價征稅，并於必要時得依報價收買之。」

——十三年一月

二、第一次全國代表大會宣言關於農民問題之主張——「有當爲農民告者，中國以農立國，而全國各階級受痛苦以農民爲尤甚。國民黨之主張，則以爲農民之缺乏田地，淪爲佃戶者，國家當給以土地，資其耕作，並爲之整頓水利，移殖荒徼，以均地方；農民之缺乏資本至於高利貸以負債終身者，國家爲之籌設調劑機關，如農民銀行等，供其匱乏。然後農民得享人生應有之樂。」——十三年一月

三、第二次全國代表大會對於農民運動之決議案略稱——「中國當在農業經濟時代，農民生產佔全生產百分之九十，其人數佔全人口百分　八十以上，故中國之國民革命，質言之卽是農民

革命，吾黨爲鞏固國民革命之基礎，惟有首先解放農民；無論政治的或經濟的運動，均應以農民運動爲基礎。黨之政策，首須眼於農民著本身之利益；政府之行動，亦須根據於農民利益而謀其解放，因農民苟得解放，即國民革命大部分之完成，而爲吾黨三民主義實現之根據。……基於上述理由，大會對於農民運動，應分爲政治的經濟的教育的三方面決議：1.政治的引導農民，使成爲有組織之民衆，以參加國民革命，排除妨礙農民利益之軍閥，買辦階級，貪官汚吏，劣紳土豪等。明定農民以自力防禦侵害之原則。製定農民保護法實行公用度量衡。2.經濟的。嚴禁對於農民之高利貸。規定最高租額及最低穀價。減少僱農作工時間，增加僱農工資。取消苛稅雜捐及額外征收，制止預征錢糧及取消無地錢糧。廢止包農制，從速設立農民銀行，提倡農民合作事業。從速整理耕地，整頓水利及改良農業。清理官荒，分配於失業貧民。取締奸商龍斷物價。注意農民救濟事業。3.教育的。厲行農村義務教育及補習教育。利用地方公款，興辦各種農業補習學校。盡力宣傳，使農民自動的籌辦各種學校。」——十五年一月

四、中央及各省區聯席會議關於農民之決議——減輕佃農田租百分之二十五。統一土地稅則，廢除苛例。遇饑荒時免付田租幷禁止先期收租。設省縣農民銀行，以年利百分之五借款與農民。禁止重利盤剝，最高利率不得超過百分之二十。不得預征錢糧。禁止租契及抵押之不平等條件。禁止包佃制。保障農民協會之權力。——十五年十月

五、中央民衆訓練委員會關於農民運動之綱領——組織農村各種合作社，幷維護現存的社倉義倉等公產，以減輕農民經濟上之痛苦。健全農會的組織，使成爲領導農民參與政治的機關。制

定土地法，土地使用法，土地征收法，地價稅法，及佃農貧農保護法，以求農民生活之改良。整理耕地，調整糧食之產銷，以謀民食之均足。農民繳納租項，至多不得過旣耕地收穫量百分之四十。——十七年

六、第三屆中央執行委員會第二次全體會議關於農業政策之決議——（1）確立農業政策爲發展工商業之基礎案。獎勵農業，發展林業，興辦水利，提倡農村合作，改良農民生活，以確立農業政策爲發展工商業之基礎，其一切計劃規程，限於十八年年底由行政院負責制定。（2）二五減租案。限於十八年年底將各省田租額數、農人生活概況、生產概況調査完竣，爲實施二五減租之基礎，調査事宜，由內政部負責辦理，並由各省黨部督促進行。——十八年六月

七、臨時全國代表大會宣言及決議案中對於農村經濟建設之主張——「以全力發展農村經濟，獎勵合作，調節糧食，並開墾荒地，疏通水利。」抗戰建國綱領第十八條：（1）農民生活應使安定。農民爲直接生產者，必先使生活安定，庶可提高其生產之效率，是以各地農村之秩序，必須盡力維持，且爲培養農村毋害農事起見，各地方辦理征兵征工，均當力避苛擾，使安耕植，要以前方作戰與後方生產相輔並進不相妨害爲主旨。至厲行保甲、肅淸盜匪、嚴禁騷擾、灌輸戰時常識等各項工作，尤須盡力以赴。（2）有用作物之生產應使增加。目前對於增進農產之主要方法計分三類：（甲）禁止有害作物之種植，限制不急需作物之過分生產，以期有益作物數量之增加、（乙）勸導農民努力推廣米麥雜糧，並就急需提倡植棉之省份，加種棉花。使軍民衣食皆有所取給、（丙）特種產物如桐油茶葉蠶絲等，亦應積極提倡。（3）

大宗農產品應設法積儲調劑。農業生產之數量與各地需要之數量，往往因天時地利關係，並不相侔。故產量特多之區域，應選定地點，設立倉庫，妥爲積儲，更設法調劑，以羨餘補不足。（4）農村經濟應使活動。農民向感資金缺乏，發展爲難，而生產效能，不免受其影響。政府對於農村金融之需要，極爲重視，救濟方法，重在健全農村合作之組織，以利農產品之生產抵押及保證，並在農業中心區域，多設合作金庫，舉辦農業生產貸款，運用政府所撥資金，積極進行。（5）土地分配應逐步改進。農村土地問題之根本解決，當依照本黨平均地權政策，使耕者有田，勞者得食。

戰時糧食管理之原則　平時糧食管理之任務在使供求平衡，與保證民食之調劑，故應注意糧食之運銷管理與價格統制。戰時管理之任務則與平時略有不同，除供民食以外，並應保確軍事之需要，必以强制力量，統制糧食之分配與消費。茲將其管理原則分述如下：

增加生產——增加糧食生產，不特爲補充戰時糧食不足之基本方法，抑且平時維持糧食自給之唯一途徑。稽諸近代各國之糧政，莫不以日新月異之增產方法相競爭。茲就我國應付實施之重要各點，略述如下：（1）提倡精耕。目前我國農村衰落，農民缺乏資金，不能實行精耕，故耕地之出產量，極爲有限，所有地力，亦不能充分利用。今後增產之着重點，應由農業金融機關，多設合作金庫，融通資金於農民，使其從事精耕則收穫產量必能增加。（2）改良技術。此與精耕略有關係，但應更進一步而採用科學方法。蓋我國農民，富於保守性，耕種方法，墨守舊章，殊少改進。故今後增產之第二方法應選擇種籽，改良肥料，防止害蟲，以達到改善生產技術之目的。（3）開墾荒地。我國荒地以西南西北各省最多，值人民流離無所安居之際，應大量撥款墾荒，使難民從事耕種。至墾荒之方法，鑒於已往個別移墾失敗之前例，莫善於採用集團農場制。先組織開墾集團，共同開墾，繼則集團耕種，進行易而收效宏。

統制運銷——在平時之糧食運銷，悉任商人自由貿易，故可操壟斷居奇之利。各地方政治區域之間，亦往往各自為政，限制或禁止糧食外銷，荒歉之處，野有餓殍；豐收之區，有穀賤傷農之嘆。故戰時情況，決不容有此項情事發生，全國糧食必須由中央統籌支配，始能調節之效。其重要步驟不外出於下列各點：（1）統籌後方糧食之供需。在國家對外作戰時，省與省之間資與糧食，皆應受支配於中央政府，以此之有，易彼所無，互為調節，如此則此處無屯積陳腐爛朽之虞，他處亦無嗷嗷待哺之慮。（2）統制糧食價格。平時糧食價格受商人之操縱，生產與消費者，均受其剝奪。苟戰時糧價事先不加以統制，則商人唯利是圖，上漲極速。貧民生計，固大受影響，而於安定後方人心，關係尤為密切。為避免此項現象發生，政府應依據糧食生產之成本與運費等項，酌定合理之價格，令由商人照價發售。

節制消費——管理戰時糧食之另一有效方法，厥為節制消費。如能依合理之節制，則減少之消費質量，即為糧食增加之質量。例如釀酒、家畜飼料及其他用途，需用糧食者甚多，若不予以節制，勢必影響戰時之民食與軍糈。其節約之方法，不外出於下列二種：（1）強制節約。戰時糧食之分配，當由政府統籌管理，則每人每日所需定量之食糧，皆由政府分配，其消費需用之糧食，政府有強制節約之推力，因捨政府定量分配以外，人民亦無法取得食糧，此所謂強制節約也。（2）自動節約。由政府頒發節約辦法，力勸國民自動節約糧食之消費，不由政府強制執行，此全賴國民有自覺之精神，絲毫不加以壓力者也。

整理田賦之理論　我國田賦，向屬中央。數千年來，皆係由地方州縣依法征收，繳解府庫。國民政府成立以後，因實施地方建設及地方自治，乃於十七年頒布劃分國家收入暫行標準，明定以田賦改歸地方，而中央只負督導之責，從此論理及事實各方面言之，田賦撥爲地方收入，皆無不當。然我國田賦因其歷史攸久，積弊最深，當時劃歸地方，原以爲職權分散，易於分途整理，早期改善，而十餘年來，成績欠佳，雖有一部份地方當局實施土地陳報與土地測量，作初步之整理，然究屬少數。長此因循，不獨政府之稅收，無從增加，即人民之負擔，不平均，且將永遠無達到實現　國父平均地權之希望。目前建國工作正積極進行，首應完成土地制度之國策；一方面側應糧食政策之迫切需要；一方面又可整頓稅收，增加國家歲入之總額。故三十年八中全會曾決議田賦暫行收歸中央接管，並酌爲改征實物；此實爲劃時代之改制，誠有重大之意義，茲就整理田賦之目的與原則，述其重要理論如下：

整理之目的——整理田賦之目的，一般人之觀察，多以爲係在增加國庫收入及平均人民負擔，但在實行三民主義之目的中，除節制私人資本以外，即爲平均地權，照價征稅，照價收買及溢價歸公，極力限制地權之集中，以達耕者有其田之目的。自田賦劃歸地方以後，各省當局視爲收入重要之源，凡有所需，即行加賦，（前節曾詳言之）至附加苛重，民不聊生。且形成分割之局，故在政治上之統一，亦必先求財權之統一，然後可以集中整理。由此可得而言其目的：（1）經濟政策之目的。實行國父之土地政策與糧食政策，非由整理田賦着手不爲功。首先必完成土地之陳報與清丈，方能開辦地價稅及土地增值稅，而臻於平均地權之境；必須田賦改征實物，始能糧食集中，政府得以操分配轉運公賣之權。(2)財政收入之目的。　總裁在第三次全國財政會議訓詞中，曾明白指示今後財政，應稟兩大目標，一爲平衡國家預算，一爲平均人民負擔，此皆爲由整理田賦而方可實現者。蓋清理舊欠，則收入增加，預算因之平衡；改定科則，則統率劃一，而負擔因之平均。(3)政治統一之目的。今者全國統一，實行地方自治，苟各省縣之財權不操集於中央，則分歧必多，仍有各自爲政之弊。故建立國家財政，健全中央財政機構，非由整理田賦集中於中央，不能達政治統一之目的。

整理之原則——我國田賦積弊頗深；就稅制言，有地丁、漕糧、租課、差徭、墾務、雜征及附加等項；而各項之中，又有種種名目，如地丁有正款、附款、加耗、科餘之目，漕糧有本色、折色、漕耗、漕項之繁。就稅率言，雖名爲三等九則，而實科則紛紜，歧異百出：有田同而稅異者，有稅同而田異者；有有田無稅者，有有稅無田者；有田多稅少者，有田少稅多者；有差異相距甚微者，有相距至數十倍者。就征稅弊端而言，則全視征收員胥，自爲升縮，飛洒，詭寄。政府雖迭加整理，仍無頭緒。民國三年，曾明令統征銀元，稅制略具統一之基礎。十七年，又決裁減附加，劃一稅率，始作進一步之整理，然距合理之標準尚遠。　蓋以積弊太深，非枝節整理，所能奏效。茲就其重要原則分述於後：(1)與地政糧政相輔而行。前節所述整理田賦之目的，既與土地政策糧食政策之實施，關係至深，是整理程序中之陳報、測量、登記、評價諸作，皆直接間接與地價稅土地增價稅之實行有關。近年以來，各省之整理田賦機構，多自丈量着手，足徵此二者有合作輔助之效。至管理糧食，必先謀糧食集中，而集中方法，舍征收實物以外，實無他策。故田賦整理，又爲促進糧食政策實施之工具。

糧政賴田賦以實施，田賦因糧政而改善，此又收與糧食政策合作輔助之效。（2）法與人並重。歷來田賦之弊，由於稅法不完者半，由於稅人不臧者亦半。册籍散失，固足啓舞弊之門，而法因人壞，胥吏之不得其人，亦易滋營私之弊。先賢所謂徒人不足以爲治徒法不足以自行者，卽爲人法並重之義。往者徒嚴於法制之訂立，而輕於人事之愼審，此所以官邪政敗也。

整理田賦之實施　前節重於理論，本節則述及實施情形，玆將八中全會決議之各省田賦暫歸中央接管統籌辦理及第三次全國財政會議關於整理田賦各案，摘要於次：

八中全會議決案——查我國田賦向爲國家稅，自民國十七年頒行中央地方收支劃分標準，以田賦劃歸地方。各省遂視爲收入之大宗，每有需用，大都增加田賦以供支應，遂致賦則紛歧，附加雜出，輕重失其平衡，人民病其煩擾。嗣後財政部爲整理計，呈請核定土地陳報法，督導各省限期辦竣，行之數年，略具成效。抗戰事起，多歸停頓。惟抗戰建國，同時並進，爲中央既定國策，上項陳報辦法，自應賡續極積進行。且近來糧價高漲，土地之潤利日增。軍糈民食，則轉受其影響，尤非整理田賦，無以裕國計而濟民生。查抗戰時財政利在統籌，中央地方原爲一體，分之則力小而策進爲難，合之則力厚而成效易舉。故爲調整國地收支，並平衡土地負擔起見，亟應仍將各省田賦收歸中央整頓征收，以適應抗戰需要。其理由有如下列各端：（一）各地方田賦賦則不一，輕重不平，而囿於所處境地，未能大舉革新，中央管理以後，可積極統籌，剋期完成土地陳報，並辦理地價稅，俾賦則躋於公平，苛雜悉行廢止。（二）中央整理田賦後，按地價徵稅，收入可較現在增加四倍以上，於抵補原定額徵田賦外，並得斟酌各地財政情形，予以協濟，使地方管教養衛諸政，切實推行。全國經濟建設，亦因財政上之調劑盈虛，得平均遂其發展。（三）依建國大綱所定各縣對於各縣對於中央政府之負擔，當以每縣之歲收百分之若干，爲中央歲費，是田賦收入，自不能專歸地方。若由中央管理，則可統收統支，必可爲合理之分配。（四）爲調劑各地軍糧民食起見，得由中央統籌斟酌各地供需情形，改征實物收儲運濟，俾產銷得以平衡，糧價賴以穩定。（五）田賦歸中央統收統支，則中央與地方財政之聯繫，更臻密切。地方稅制，得在中央督導下切實調整，所有互相抵觸之稅捐，自可一律取消。（六）中央統一田賦管理，則征收事務與經費，易臻於合理化，經濟化。其具體辦法計分接管機關、征收程序、與整理步驟三項。

接管機關　（一）中央先設整理田賦籌備委員會，以籌劃全國田賦之整理事宜，其委員由財政部遴員派充。（二）全國田賦之征收整理事務，由中央設置全國田賦管理處，統籌管理。（三）各省田賦移征事務，由中央設置各該省田賦管理處監督辦理，其處長得以財政廳長兼任之。（四）田賦稽征事務，由各該省田賦管理處督導各縣縣長及其他原有征收機關辦理，並隨時派員監查考核。

徵收程序　（一）各省田賦自中央管理後，所有查征之田賦收入，應解交中央指定之金融機關專戶存儲備用，其當地無金融機關，特准由查征機關保存者，應按期彙解附近指定金融機關。（二）前項專戶存儲之田賦收入，由中央統籌支配。（三）凡中央核定之省縣預算內所列田賦收入，仍由中央如數撥付。（四）各省縣田賦整理後溢收入之款，得由中央視各省縣實收數目、財政狀況及經費需要，酌予撥補。（五）中央爲適應戰時需要，得依各地生產交通狀況，將田賦之一部或全部征收實物，於每屬開征前參照當地情形公告。所有收儲，運撥，銷售等事務，得委託當地糧食機關辦理。（六）所有征收實物之分配，仍參照前列第二第二兩項之規定辦理。

整理步驟：（一）中央管理各省田賦後，應即加緊推行土地陳報辦法，並同時舉辦地價陳報，編製地籍圖册及地價稅册，開徵地價稅。（二）土地陳報辦理完竣地方，應即評定地價，改定課則，按章征稅，原有附稅一律取消。（三）中央管理前積欠田賦應分期補征。（四）凡以田賦收入擔保之債務，已經中央核准者，由中央負責清理。（五）田賦歸中央管理後，所有關於田賦之各項法令規章與本案抵觸者，由財政部查明呈請修改。

第三次全國財政會議決議案——中央接管田賦之整理，旨在適應抗戰建國之需要，爲貫徹中央既定之財政經濟政策，並爲爭取時效適應急需起見，自須於三十年度內將各省市田賦及土地陳報，一律接管。惟接管手續，至爲繁劇，事前必須縝密籌劃，確定步驟，方可順利進行。至田賦征收及整理機構，過去殊覺分歧，組織亦有待充實。接管之後，勢須斟酌需要，另行組設各級管理機構，庶事權得以劃一，指揮易期靈便。再如整理田賦方面，過去各省自爲謀辦法，彼此殊異。茲擬趁此接管時期：統籌規劃：（一）加緊辦理土地陳報，全國限期完成，以爲整理地籍之基礎，并爲徵收實物之根據。（二）改善征收制度並試行田賦稅票辦法，藉杜弊端。（三）厲行推收，俾地籍圖册，永保其眞，不致紊亂。（四）甄訓現職人員，俾陣容一新，工作效率，得以增進。（五）調整土地負擔，俾征糧征賦省縣人民之負擔，趨於平衡。其具體辦法有四：一爲接管田賦實施辦法；一爲促進土地陳報辦法；一爲改善征收制度；一爲厲行推收辦法。茲分述於下：

中央接管各省市田賦實施辦法　（一）中央於三十年度內，成立各省市縣田賦管理處，接管田賦及土地陳報。所有省市縣管理處經常事業等費，概由中央負擔。但省預算內原列土地陳報經常事業等費未用部份及田賦經征經費之一部，應劃歸中央，在中央補助款內轉賬。（二）已辦土地陳報尚未完竣縣份，暫保留其原組織。在各省收支未經劃歸中央統籌以前，其經常事業等費，仍由地方負擔，以清界限。（三）自省市縣管理處成立日起，所有省市縣田賦收入，概歸中央。其原列預算內田賦收入，除已征起者外，餘由國庫撥付。但本年度應征未征及歷年田賦積欠數額，應由各該省財政廳或市財政局別分查明，列表專案呈報。（四）各省市民田及其他各種土地，如公學屯營衛等田，應由各該省財政廳局分別查明造册專案移交。

促進全國土地陳報辦法。（一）擬自三十年七月份起至三十一年十二月份止，於一年半內，按六個月一期，分爲三期，將全國待辦土地陳報縣份，約五百餘縣一律辦竣。（二）編查地籍須按坵編號，按畝計積，並繪製坵形圖，編造查報單。（三）造具戶領坵册，即歸戶册，以爲編造征册之根據。（四）改訂科則標準，應遵照　國父遺教，以按地價爲唯一課稅標準，以昭劃一。（五）以三縣爲一組，分配業務人員並籌兼顧，縮短工作時間，則前需八個月辦完者，今只需六個月。

改善征收制度　（一）經征機關內部組織，必須分爲核算收款發票三部門，俾可互相牽制。（二）各鄉鎮適當地點，普設征收分櫃，便利人民完納，養成自封投櫃習慣，藉杜胥吏中飽之弊。（三）廢除差吏包催辦法，利用保甲制度督，促各鎮鄉保甲長負責就近催追，並訂獎懲辦法，按期考核。對於公務人員及大戶應儘先追催，以示倡導。（四）增籌各縣征收經費，核實編製預算，並確保按月照數撥發，以增征收效率。（五）收賦製票辦法，手續既繁，流弊復多。爲徹底改進起見，自以採用田賦稅票辦法為宜。（六）旅居外縣或外省業戶投櫃完納，固有困難，即在未能普設分櫃縣區內之鄉民赴埠完納，亦覺不便，應准由住在地之銀行代收代完。

厲行田賦推收辦法　（一）在未設置地政局科，市縣應於田賦管理機關內組設田賦推收專管部份，辦理田賦推收及有關事宜。（二）鄉鎮公所須普設地籍員，由市縣田賦管理機關會同市縣政府派充之。（三）各鄉鎮辦理推收經費，應列入市縣預算內，不得收取任何用費。（四）遇有業戶申請推收或其他有關事項，須實地考查，不得專憑書面漫然辦理。舊有里書册書，尤須廢除。

征收實物之理論根據　田賦改征實物之要義，首在適應戰時物價之上漲，調整政府之收支，以冀避免增發貨幣，造成通貨膨脹。此外政府並可控制一部份之農產，供應軍糧，調劑民食，打擊地主之囤積，與糧商之操縱，以達抑平糧價穩定物價水準之目的。理論健全，法亦至善。其主要之理論根據如下：

一、平均人民負担　糧價高漲，土地之收益當隨之增加。改征實物後則地主自耕農及負担所得稅營業稅者，對於政府平均負担。否則其他各業人員應納之稅率負担增加，而地主與自耕農，反因糧價高漲，實減輕其負担。

二、固定戰時稅收　田賦征收之原折價，往往與時價相差極大，故政府之稅收，不免因之蒙受損失。今改征實物，則不受物價上漲之影響，能固定戰時稅收，穩定地方財政。

三、穩定物資價格　一般物價之高漲，皆以糧價為歸依，蓋任何職業界從業者不能脫離糧食之消費而生存，故工食成本增加，物價隨之高漲。政府改征實物，則擁有鉅額糧食，足以平衡糧價，進而穩定物價，防止奸商操縱。

四、調劑糧食恐慌　政府既擁有鉅額糧食，則盈虛調劑，應付自如，不僅軍糈得以解決，卽因災亂而發生之糧食恐慌，亦可操通盤籌劃之權於上。

乃有少數人狃於積習，力持反對征實之議，其理由不外上述各端：（一）人民繳納實物，極感不便，路遠者，必須於運輸上發生困難，反累小民。（二）在實物質量上，品質之優劣，成色之高下，秤量之大小，弊竇勢必百出，爭執必多。（三）收繳手續，極爲繁難，而運輸儲存，皆爲困難之點。總其要義，則謂征收實物，昔已行之，因其有弊，乃改折色，今復征實，豈能逃避昔日征實所發生之缺點乎？殊不知一代政治之設施，有一代之時代背景，一代之弊，必有一代革除之對策。故今日征實之舉，實爲劃時代之重要糧食政策，至其因征實而發現諸弊，將必隨時予以補救，使今日之糧政趨於合理，所謂一代之弊，有一代革除之對策者也。

糧食庫券之發行　糧食庫券之發行，係根據八中全會之決議，其要旨在一面控制糧源，平抑糧價；一面收縮通貨，安定金融。就理論言，唯以實物庫券，蒐集糧食，始能避免收購方法刺激糧價膨脹通貨之苦痛經驗，兼收平均人民負担之效。就事實言，亦唯以糧食庫券蒐集糧食，始能在免賦征糧之外，由政府控制足量之糧食，供應軍糈，調劑民食，逐漸達到以量控價之目的。以四川一省爲例，戰時免賦征糧，預計僅能收獲六百萬市石至八百萬市石，而綜合目前軍糧民食市場需要，政府至少需控制一千五百萬市石，方能酌盈劑虛，供應無匱，此項糧食短缺數額，如仍以現金向市購買，非僅過去刺激糧價之影響，在所必有，且以全國需糧之巨，各地糧價之高，決非政府財力所能勝，籌碼供給所可及，抑與政府集中購買穩定物價之本旨，相去益遠。現今各省糧價相差甚大，人民納稅仍與戰前比例相等，省與省之間，已失平允，而地主收入十百倍於戰前。一般人民轉呻吟於糧價高昂生活困苦之下，咨嗟嘆息充滿道路，尤非從量取盈，就土征賦，不能得事理之平。發行庫券，旣由國家保證到期償付本息，並可抵繳田賦，在地主糧戶，借糧還糧，不能謂有損失。在政府則就賦發券，事同募債，而適應目前情勢，又實爲酌劑緩急之必要舉措。按發行糧食庫券，在實施上在技術上，均較其他籌措糧食方法合理而有效，目前解決糧食問題之重心，在首先控制一部分糧食之數量，始能在較長期間穩定一般糧食價格。而稅量之論，免賦征糧以外，現價收購與按價借糧，各有主張。此項主張，卽置過貨與財政之觀點於不議，其施行亦多困難之處。蓋無論其現價收購爲定價爲半價，亦無論按價借糧；所用之延期支付工具，爲國家信用，爲銀行信用，旣係以糧食價格爲基礙，卽不能不連帶發生折價問題。而一有折價，卽包括地域時間平價等種種複雜條件，終致不易處理。就域言，各地糧價懸殊，折價一致，則遠離現實；隨地折價，則負担失均。就時間言，折價未定而價先高，則是助長糧價；折價平定而市價仍漲，轉以招致糧戶緩售之口實。就平價言，平價應以生產費爲基礎，而生產費實缺乏普遍之調查；若脫離生產費以平價，則有失之過高與過低之弊，其間殊難獲得適當之標準。茲發行糧食庫券，不復以糧食價格爲基礎，則因折價而發生之困難，均得舉告廓清，其一般人民對於法幣前途懷杞憂者，並以其屬實物收付性質，亦可祛除一部份過慮。茲將發行原則及募集辦法略述如後：

一、發行名稱　民國三十年糧食庫券。

二、發行用途　爲供應軍糈，調劑民食，特發行糧食庫券，作爲收購糧食支付代價之用。

三、發行數量　由發行機關依三十年度需要量計劃發行。

四、發行地點　全國普遍發行，爲便利征募及償付本息起見，於券面載明省區並加蓋縣名戳記。

五、發行機關　由財政部糧食部會同發行。

六、發行種類　分稻麥兩種，並准以其他雜糧，按一定比例折合征募，其折合比例另定之。

七、發行單位　分爲五市斗、一市石、五市石、十市石、百市石五種。

八、償本付息　自民國三十二年起，分五年本息還清，利率按週息五厘計算，以實物付給，利隨本減。

九、發行担保　以免賦征糧獲之糧額擔保，到期本息並准抵繳征糧及充公務上之保證。

其募集標準，係按查報收租或收穫數量，儘先就大糧戶累進攤募。以縣爲募集單位，分經征經收發券三種手續。由縣長督同財政機構及區鄉保甲人員，負責辦理造具募集戶額清册，分別核算，塡製製發募糧單及催征復核各項事務。再由縣長督同糧食機構及區鄉保人員，負責辦理驗收、儲藏、運送、調撥各項事務。前項經征經收手續完畢後，由指定之當地金融機關或代理金融機關，負責辦理製發庫券稽核征收事務。

自發行糧食庫券以來，各地收購情形極爲順利，數量亦頗驚人，對於抗戰期間之軍糈民食，有極大之功效。政府爲維持糧政方針起見，除逐步加强機構之運用外，繼續發行三十一年度之糧食庫券。其券面額以一市斗爲單位，所以便利糧戶也。

現階段之糧食管理　中央爲貫徹既定之糧政方針，於二十九年設立全國糧食管理局，統籌全國粮食之產銷儲運調節及供求，直隸屬於行政院。各省亦設省糧食管理局，各縣設糧食管理委員會。三十年設立糧食部，加強機構，代行全國糧食管理局之職權，各省市則設糧政局。其管理之原則，在質量方面，使糧食供給與需要，互相適應。就時間言，使有餘糧，為不足時之準備，豐年為歉年之準備，平時為戰時之準備。就空間言，使有餘糧者為補不足地方之準備，豐收地方為歉收地方之準備，農村為都市之準備，後方為前方之準備。在價格方面，應限於某種伸縮範圍以內，其低者以生產成本為準，高者應在合理利潤之下，勿使初收或豐收時，過於跌落；歉收或青黃不接之時，過於高漲。勿使有餘糧之地，過於跌落，不足之處，過於高漲。其意義在刺激生產者勇於生產，而不使囤積者爭先存儲。其管理之治本辦法，係由各縣糧食管理委員會，預計至翌年八月底止市場需要之一年最低糧額，向縣中地畝較多之糧戶及農戶，分別約定出售，仍為各戶保留足以自給之相當糧額。收租愈多者，應售出愈多，勿使富有者保留過多，貧乏者負擔過重。各糧戶及農戶按期應行售出之糧，由各級機關為之配售於當地市民，及其他市場有組織之商人。民戶按月購買糧食，其量不得超過一月以內之需要。過去已購糧額超過其需要者，則限期向該市場糧食管理機關陳報，在能自給期間，不得再向市場購買，違者查出予以沒收。倘既經規定售出之糧食，有逾期不售者，均應以半價征購。其規避藏匿者，亦予沒收，或按糧價科以罰金。各縣糧戶或囤戶應出售之糧食，由各縣及鄉鎮於每月初列榜公布，如有漏列，准由鄉鎮保甲長負責檢舉，及人民密報，一面由縣派人密查，屬實者皆依反抗糧食管理以擾害治安論罪，並依軍法審判之。至其管理之治標方法，則側重於征購之臨時措置。如購買軍米，應在規定限期集中一月以前，與人民了清一切手續。其軍糧以外之米糧，應准人民自由出售，不得藉軍糧為口實，封閉民倉，或限制米糧流動，影響民食，各縣對於向有糧食輸出地方，嚴禁以任何口實變相阻止米穀輸出。省須採購辦法，在各地採購尚未完成以前，糧食管理委員會及所屬鄉鎮公所，對於無證購買之商人、仍應積極助其登記，准其購運，祇與運往之市場管理機關密取聯絡，免被朦蔽。不得藉管理名義，阻礙米運。各縣所有公學穀，除以明令指定用途，保留必需之最低數量外，其餘應陸續售賣。以上治本治標兩項辦法，皆係初步管理糧食之措施，其詳細綱要，可分為管理糧食市場、嚴格實施情報制、度嚴格實施分配制度、組織糧商、安定糧價及力謀糧食之開源節流諸端，茲略述於後：

管理糧食市場——1.登記糧食倉棧。非經登記准許給照之倉棧，不得經營糧食之寄儲及儲押業務。2.登記糧食商號。非經登記准許給照之商號，不得經營糧食之運銷業務。3.登記糧食經紀。非經登記准許給照之經紀，不得為糧食買賣之居間人。4.登記糧食市場行棧。非經登記准許給照之市場行棧，不得作糧食集中交易，或交割場所，與介紹或公正之行為。5.登記糧食加工行業。非經登記之准許給照之碾坊，不得經營糧食加工行業。6.登記運輸工具。聯絡交通管理機關，登記轉運糧食有關運輸工具，於必要時，得協商調用之。

嚴格實施情報制度——1.擔任情報之機關。鄉鎮管理員或專管糧食幹事，必須擔任生產及市況情報。縣市糧食管理委員會，必須擔任縣城市況情報，並彙轉各鄉鎮之生產及市況情報。2.擔任情報之行業。糧食倉棧必須按期報告糧食之出進數量。糧食商號，必須按期報告購銷及運轉糧食之數量。糧食經紀及行棧，必須按期報告其經手交易及交割之糧食數量，糧食加工行業，必須按期報告其碾米數量。運輸糧食者，必須於起運到達及經過必要地點，向糧食管理機關報告其運輸數量。

嚴格實施分配制度——1.調查供給糧食區域。切實就各保鄉鎮縣，調查可以供糧食之來源，進而調查其供給量。包括生產區域之人口與糧生產量消耗量及剩餘量；過去及現在糧食運銷之市場及運銷之數量；確定今後該生產區可以供給市場之數量。2.調查糧食之消費區域。就各省市包括人口與糧食縣重要工礦區域及人口較多之城市，或特別歉收與特殊需要糧食地方，予以切實調查。在量的方面，之消費量；過去及現在各來源之供給量；確定今後各來源可以供給之數量。3.確定糧食供需之分配辦法。為供給糧食之區域聯絡消費區域，而適當調整其供需數量。其糧食能供給兩消費市場以上之需要者，並為調整對於每一市場之供給數量。又為消費市場之需要，聯絡生產區域而適當調整其供需數量。其需要兩生產區域以上供給糧食者，並為調整每區域供給糧食之數量。

組織糧商——1.每一市場所有與糧食業務有關之商人(倉棧、商號、經紀、市場行棧，加工事業)均須各別及聯合組織同業公會。2.凡經登記之商人，均須加入同業公會。3.有關糧食業務同業公會，應依照糧食管理機關擬訂之管理糧食規章，確定同行應行遵守之公約。4.有組織之糧商，依照糧食管理機關分配之數額，向供給地方採買糧食時，應先取領採購證，在採購地方起運時，應領取運輸證。

安定糧價——1.調查糧食生產及運輸成本，調查過去及現在之糧價變化與各地糧價差異。2.調查各當地生活必需品及其他農產品價格之變化。3.各生產區域管理糧食機關，隨時參酌前項各種調查材料，並咨詢各有關人員之意見，訂定當地適當之糧價，逐日懸牌公布之。4.各運銷市場管理糧食機關，依生產區域糧價為標準，加入運繳及合理利潤，並詢咨各有關人員之意見，訂定當地之適宜價格公布之。5.省糧食管理機關，在省內各重要市場，應有相當數量之糧食儲備，如市場糧食供給不足時，爲防糧價奇漲，得由省糶出之。如市場糧食供給過剩時，爲防糧價奇跌，得由省糴入之。縣境以內亦應實施同樣辦法。

糧食之開源節流——1.屬於開源方面者，爲加深冬季蓄水田畝之蓄水量，實施冬季糧食作物增產計劃；減少可以防礙糧食作物之耕地面積；改良稻種；獎勵墾荒。2.屬於節流方面者，爲限制糧食釀酒、熬糖及其他無益之糧食浪費消耗。

自政府決定田賦征收實物管制糧食以後，四川、廣東、廣西、湖北、湖南、貴州、福建、江西、浙江、江蘇、安徽、河南、山東、山西、甘肅、雲南、西康、綏遠、寧夏、青海等二十一省，遵照實行。預定征收總額，爲二千二百九十二萬七千五百零七市石。截至本年四月止，實際征得總額，爲二千二百四十四萬四千六百七十八市石，及代金二千九百五十萬零九千一百九十一元法幣，及二百三十五萬元晉幣。淪陷區域，概係照舊征收法幣，貴州、福建、廣東、廣西、河南、綏遠、山西、山東，江蘇、雲南等十一省之一部分田賦，餘征收代金。政府慮及征收糧食不足以供戰時軍民之需要，故又決定於若干有餘糧省分，定價征購糧食，收效極宏。田賦征收額，係以每元折合二市斗爲標準，再依各省田賦率輕重，酌爲增減。至征購方法，各省不盡一致。湖南、江西，係按畝征購；四川、甘肅、廣西，係隨賦征購；安徽、浙江、係按餘糧額征購。雖各省實施結果，互有利弊，但在土地未整理賦籍未清以前，不得不因時因地而有措施之宜。惟征購價格，係由糧食部與各省政府分別洽商決定，至省內分區定價，則由省政府決定，但須通盤計算，以不超過糧食部與省政府商定之總價爲度。各省糧價付給事務，係或由田賦管理處辦理，或由委託銀行代辦，今後則將改爲委託國家銀行及地方省銀行就征購辦事處所在地代辦爲原則，蓋以便利人民而杜弊端計也。

在初步實施征實時，經征事務，由田賦管理機關負責辦理，經收征購事務，則由糧食機關辦理，事權既不集中，導揮尤感不便，故自本年度起，將經收經購劃歸田賦管理機關辦理，而糧食之儲運、加工、配撥等事務，則歸糧食機關辦理，將收更良好之效果。